改正 市制町村制
【大正11年初版】

関 信太郎 編輯

地方自治法研究
復刊大系〔第二八三巻〕

改正 市制町村制

〔大正十一年初版〕

日本立法資料全集 別巻 1093

信山社

改正
市制町村制

改正 市制町村制目次

○市制〔大正一〇、法律五八號改正〕

第一章　總則

第一款　市及其ノ區域……一

第二款　市住民及其ノ權利義務……三

第三款　市條例及市規則……六

第二章　市會

第一款　組織及選擧……六

第二款　職務權限……一六

第三章　市參事會

第一款　組織及選擧……三一

第二款　職務權限……三六

第四章　市吏員
第一款　組織選擧及任免……三八
第二款　職務權限……四三
第五章　給料及給與……五二
第六章　市ノ財務
第一款　財産營造物及市稅……五三
第二款　歲入出豫算及決算……六三
第七章　市ノ一部ノ事務……六六
第八章　市町村組合……六八
第九章　市ノ監督……七七
第十章　雜則……七八
附　則……七八

○町村制〔大正一〇、法律五九號改正〕

第一章　總則
第一款　町村及其ノ區域……八一
第二款　町村住民及其ノ權利義務……八二
第三款　町村條例及町村規則……八六
第二章　町村會
第一款　組織及選擧……八六
第二款　職務權限……一〇三
第三章　町村吏員
第一款　組織選擧及任免……一〇四
第二款　職務權限……一一五
第四章　給料及給與……一三一
第五章　町村ノ財務
第一款　財産營造物及町村稅……一二

第二款　歳入出豫算及決算……一三三
第六章　町村ノ一部ノ事務……一三六
第七章　町村組合……一三七
第八章　町村ノ監督……一四三
第九章　雜則……一四八
附　則……一五〇
○市制及町村制施行期日〔大正一〇、勅令二三八〕……一五一
○市制町村制ノ施行ニ關スル件〔大正一〇、勅令二四三〕……一五一
○議員又ハ市町村吏員タルヲ得サル官吏ハ在職者ニ限ル〔二二、閣令一八〕……一六一
○市町村會議員選擧人名簿及選擧錄書式〔四四、内務省訓令一一〕……一六三
○市稅及町村稅ノ賦課ニ關スル件〔四四、勅令二四一〕……一七七
○市町村財務規程〔四四、内務省令一五〕……一八〇
○市町村歳入其豫算書式〔大正元、内務省令一八〕……一八六

○市制第百六十九條及町村制第四十九條ニ依ル命令ノ件〔大正元、勅令一八〕……一八七
○公共團體ニ於テ使用料手數料等徴收上收入證紙發行ニ付テハ經伺ニ及ハサル件（大正元、內務省訓令一七）……一九〇
○市町村吏員ノ賠償責任及身元保證ニ關スル件〔四四、勅令二四五〕……一九一
○市町村吏員服務紀律〔四四、內務省令一六〕……一九三
○市町村吏員事務引繼ニ關スル件〔四四、內務省令一七〕……一九五
○市町村吏員事務引繼ノ際課製スヘキ書類帳簿物件又ハ財産ノ目錄ノ件〔大正元〕內務省訓令一九〕……一九八
○市町村、市町村組合ノ廢置分合等ノ場合ニ於ケル事務ニ關スル件〔四四、勅令二四八〕……一九八
○行政又ハ司法區域ニ關スル市ノ所屬ノ件〔一三、勅七一〕……二〇〇
○市町村內土地ノ字名改稱變更取扱規定〔四四、內務省訓令二等〕……二〇一
○民勢調査ニ關スル罰則ノ件〔四一、內務省令一五〕……二〇八

○市制第六條ノ市ノ指定ニ關スル件(四四、勅令二三九)……二〇九
○市制第六條ノ市ノ區ニ關スル件(四四、勅令二四四)……二一〇
○市制第六條ノ市ノ助役ノ定數(四四、內務省令一三)……二一七
○市制第八十二條第三項ノ市ノ指定(四四、內務省令一四)……二一九
○町村制ヲ施行セサル島嶼(二一、勅令一)……二一九
○島根縣隱岐國ニ於ケル町村ノ制度ニ關スル件(三七、勅令六三)……二二〇
○明治四十年內務省令第二十六號ヲ市會等ニ準用ノ件(四四、內務省令一九)……二二二
○市制町村制ニ依ル懲戒審査會及鑑定人ノ費用負擔ニ關スル件(四四、勅令二九三)……二二二

改正 市制（大正十年四月十一日法律第五十八號）

第一章　總則

第一款　市及其ノ區域

第一條　市ハ從來ノ區域ニ依ル

第二條　市ハ法人トス官ノ監督ヲ承ケ法令ノ範圍內ニ於テ公共事務竝從來法令又ハ慣例ニ依リ及將來法律勅令ニ依リ市ニ屬スル事務ヲ處理ス

第三條　市ノ廢置分合ヲ爲サムトスルトキハ關係アル市町村會及府縣參事會ノ意見ヲ徵シテ內務大臣之ヲ定ム

前項ノ場合ニ於テ財產アルトキハ其ノ處分ハ關係アル市町村會ノ意見ヲ徵シ府縣參事會ノ議決ヲ經內務大臣ノ許可ヲ得テ府縣知事之ヲ定ム

第四條　市ノ境界變更ヲ爲サムトスルトキハ府縣知事ハ關係アル市町村會ノ意見ヲ徵シ府縣參事會ノ議決ヲ經內務大臣ノ許可ヲ得テ之ヲ定ム所屬未定地ヲ市ノ

區域ニ編入セムトスルトキ亦同シ
前項ノ場合ニ於テ財產アルトキハ其ノ處分ニ關シテハ前項ノ例ニ依ル
第五條　市ノ境界ニ關スル爭論ハ府縣參事會之ヲ裁定ス其ノ裁定ニ不服アル市町村ハ行政裁判所ニ出訴スルコトヲ得
市ノ境界判明ナラサル場合ニ於テ前項ノ爭論ナキトキハ府縣知事ハ府縣參事會ノ決定ニ付スヘシ其ノ決定ニ不服アル市町村ハ行政裁判所ニ出訴スルコトヲ得
第一項ノ裁定及前項ノ決定ハ文書ヲ以テ之ヲ爲シ其ノ理由ヲ附シ之ヲ關係市町村ニ交付スヘシ
第一項ノ裁定及第二項ノ決定ニ付テハ府縣知事ヨリモ訴訟ヲ提起スルコトヲ得
第六條　勅令ヲ以テ指定スル市ノ區ハ之ヲ法人トス其ノ財產及營造物ニ關スル事務其ノ他法令ニ依リ區ニ屬スル事務ヲ處理ス
區ノ廢置分合又ハ境界變更其ノ他區ノ境界ニ關シテハ前二條ノ規定ヲ準用ス但シ第四條ノ規定ヲ準用スル場合ニ於テハ關係アル市會ノ意見ヲモ徵スヘシ

區役所ノ位置ヲ定メ又ハ之ヲ變更セムトスル時市ハ府縣知事ノ許可ヲ受クヘシ
前條ノ市カ其ノ區ノ名稱ヲ變更シ又ハ區役所ノ位置ヲ定メ若ハ之ヲ變更セムトスルトキハ前項ノ例ニ依ル

第二款　市住民及其ノ權利義務

第八條　市内ニ住所ヲ有スル者ハ其ノ市住民トス
市住民ハ本法ニ從ヒ市ノ財産及營造物ヲ共用スル權利ヲ有シ市ノ負擔ヲ分任スル義務ヲ負フ
第九條　市住民ニシテ左ノ要件ヲ具備スル者ハ市公民トス但シ貧困ノ爲公費ノ救助ヲ受ケタル後三年ヲ經サル者、禁治産者準禁治産者及六年ノ懲役又ハ禁錮以上ノ刑ニ處セラレタル者ハ此ノ限ニ在ラス
一、帝國臣民タル男子ニシテ年齡二十五年以上ノ者
二、獨立ノ生計ヲ營ム者

三、二年以來其ノ市住民タル者

四、二年以來其ノ市ノ直接市稅ヲ納ムル者

市ハ前項二年ノ制限ヲ特免スルコトヲ得

家督相續ニ依リ財產ヲ取得シタル者ニ付テハ其ノ財產ニ付被相續人ノ爲シタル納稅ヲ以テ其ノ者ノ爲シタル納稅ト看做ス

市公民ノ要件中其ノ年限ニ關スルモノハ市町村ノ廢置分合又ハ境界變更ノ爲中斷セラルルコトナシ

第十條　市公民ハ市ノ選擧ニ參與シ市ノ名譽職ニ選擧セラルル權利ヲ有シ市ノ名譽職ヲ擔任スル義務ヲ負フ

左ノ各號ノ一ニ該當セサル者ニシテ名譽職ノ當選ヲ辭シ又ハ其ノ職ヲ辭シ若ハ其ノ職務ヲ實際ニ執行セサルトキハ市ハ一年以上四年以下其ノ市公民權ヲ停止シ場合ニ依リ其ノ停止期間以內其ノ者ノ負擔スヘキ市稅ノ十分ノ一以上四分ノ一以下ヲ增課スルコトヲ得

疾病ニ罹リ公務ニ堪ヘサル者

二　業務ノ爲常ニ市內ニ居ルコトヲ得サル者

三　年齡六十年以上ノ者

四　官公職ノ爲市ノ公務ヲ執ルコトヲ得サル者

五　四年以上名譽職市吏員、名譽職參事會員、市會議員又ハ區會議員ノ職ニ任シ爾後同一ノ期間ヲ經過セサル者

六　其ノ他市會ノ議決ニ依リ正當ノ理由アリト認ムル者

前項ノ處分ヲ受ケタル者其ノ處分ニ不服アルトキハ府縣參事會ニ訴願シ其ノ裁決ニ不服アルトキハ行政裁判所ニ出訴スルコトヲ得

第二項ノ處分ハ其ノ確定ニ至ル迄執行ヲ停止ス

第三項ノ裁決ニ付テハ府縣知事又ハ市長ヨリモ訴訟ヲ提起スルコトヲ得

第十一條　市公民第九條第一項ニ掲ケタル要件ノ一ヲ闕キ又ハ同項但書ニ當ルニ至リタルトキハ其ノ公民權ヲ失フ

市公民租税滯納處分中ハ其ノ公民權ヲ停止ス家資分散若ハ破産ノ宣告ヲ受ケ其ノ確定シタルトキヨリ復權ノ決定確定スルニ至ル迄又ハ六年未滿ノ懲役又ハ禁錮ノ刑ニ處セラレタルトキヨリ其ノ執行ヲ終リ若ハ其ノ執行ヲ受クルコトナキニ至ル迄亦同シ

陸海軍ノ現役ニ服スル者ハ市ノ公務ニ參與スルコトヲ得ス其ノ他ノ兵役ニ在ル者ニシテ戰時又ハ事變ニ際シ召集セラレタルトキ亦同シ

第三款　市條例及市規則

第十二條　市ハ市住民ノ權利義務又ハ市ノ事務ニ關シ市條例ヲ設クルコトヲ得

市ハ市ノ營造物ニ關シ市條例ヲ以テ規定スルモノノ外市規則ヲ設クルコトヲ得

市條例及市規則ハ一定ノ公告式ニ依リ之ヲ告示スヘシ

第二章　市會

第一款　組織及選擧

第十三條　市會議員ハ其ノ被選擧權アル者ニ就キ選擧人之ヲ選擧ス

議員ノ定數左ノ如シ

一　人口五萬未滿ノ市　三十人
二　人口五萬以上十五萬未滿ノ市　三十六人
三　人口十五萬以上二十萬未滿ノ市　四十人
四　人口二十萬以上三十萬未滿ノ市　四十四人
五　人口三十萬以上ノ市　四十八人

人口三十萬ヲ超ユル市ニ於テハ人口十萬、人口五十萬ヲ超ユル市ニ於テハ人口二十萬ヲ加フル毎ニ議員三人ヲ增加ス

議員ノ定數ハ市條例ヲ以テ特ニ之ヲ增減スルコトヲ得

議員ノ定數ハ總選擧ヲ行フ場合ニ非サレハ之ヲ增減セス但シ著シク人口ノ增減アリタル場合ニ於テ內務大臣ノ許可ヲ得タルトキハ此ノ限ニ在ラス

第十四條　市公民ハ總テ選擧權ヲ有ス但シ公民權停止中ノ者又ハ第十一條第三項ノ場合ニ當ル者ハ此ノ限ニ在ラス

第十五條　選舉人ハ分チテ二級トス

選舉人中選舉人ノ總數ヲ以テ選舉人ノ納ムル直接市稅總額ヲ除シ其ノ平均額以上ヲ納ムル者ヲ一級トシ其ノ他ノ選舉人ヲ二級トス但シ一級選舉人ノ數議員定數ノ二分ノ一ヨリ少キトキハ納稅額最多キ者議員定數ノ二分ノ一ト同數ヲ以テ一級トス兩級ノ間ニ同額ノ納稅者二人以上アルトキハ其ノ市內ニ住所ヲ有スル年數ノ多キ者ヲ以テ上級ニ入ル住所ヲ有スル年數同シキトキハ年長者ヲ以テシ年齡ニ依リ難キトキハ市長抽籤シテ之ヲ定ムヘシ

選舉人ハ每級各別ニ議員定數ノ二分一ヲ選舉ス但シ選舉區アル場ニ於テ議員ノ數二分シ難キトキハ其配當方法ハ第十六條ノ市條例中ニ之ヲ規定スヘシ

被選舉人ハ各級ニ通シテ選舉セラルルコトヲ得

第二項ノ直接市稅ノ納額ハ選舉人名簿調製期日ノ屬スル會計年度ノ前年度ノ賦課額ニ依ルヘシ

第十六條　市ハ市條例ヲ以テ選舉區ヲ設クル事ヲ得二級選舉ノ爲ノミニ付亦同シ

選擧區ノ數及其ノ區域竝各選擧區ヨリ選出スル議員數ハ前項ノ市條例中ニ之ヲ規定スヘシ

第六條ノ市ニ於テハ區ヲ以テ選擧區トス其ノ各選擧區ヨリ選出スル議員數ハ市條例ヲ以テ之ヲ定ムヘシ

選擧人ハ住所ニ依リ所屬ノ選擧區ヲ定ム第七十六條又ハ第七十九條第二項ノ規定ニ依リ市公民タル者ニシテ市内ニ住所ヲ有セサル者ニ付テハ市長ハ本人ノ申出ニ依リ其ノ申出ナキトキハ職權ニ依リ其ノ選擧區ヲ定ムヘシ

各選擧區ニ於テハ前條ノ規定ニ準シ選擧人ノ等級ヲ分ツヘシ但シ一級選擧人ノ數其ノ選出スヘキ議員配當數ヨリ少ナキトキハ納額最多キ者議員配當數ト同數ヲ以テ一級トス

被選擧人ハ各選擧區ニ通シテ選擧セラルルコトヲ得

第十七條　特別ノ事情アルトキハ市ハ府縣知事ノ許可ヲ得區劃ヲ定メテ選擧分會ヲ設クルコトヲ得二級選擧ノ爲ノミニ付亦同シ

第十八條　選擧權ヲ有スル市公民ハ被選擧權ヲ有ス

左ニ揭クル者ハ被選擧權ヲ有セス其ノ之ヲ罷メタル後一月ヲ經過セサルモノ亦同シ

一　所屬府縣ノ官吏及有給吏員

二　其ノ市ノ有給吏員

三　檢事警察官吏及收稅官吏

四　神官神職僧侶其ノ他諸宗教師

五　小學校教員

市ニ對シ請負ヲ爲ス者及其ノ支配人又ハ主トシテ同一ノ行爲ヲ爲ス法人ノ無限責任社員、役員及支配人ハ被選擧權ヲ有セス

前項ノ役員トハ取締役、監査役及之ニ準スヘキ者並清算人ヲ謂フ

父子兄弟タル緣故アル者ハ同時ニ市會議員職ニ在ルコトヲ得ス其ノ同時ニ選擧セラレタルトキハ同級ニ在リテハ得票ノ數ニ依リ其ノ多キ者一人ヲ當選者トシ

同數ノルトキ又ハ等級若ハ選擧區ヲ異ニシテ選擧セラレタルトキハ年長者ヲ當選トシ年齡同シトキハ市長抽籤シテ當選者ヲ定ム其ノ時ヲ異ニシテ選擧セラレタルトキハ後ニ選擧セラレタル者議員タルコトヲ得ス

議員トナリタル後前項ノ緣故ヲ生シタル場合ニ於テハ年少者其職ヲ失フ年齡同シキトキハ市長抽籤シテ失職者ヲ定ム

第十九條　市會議員ハ名譽職トス

議員ノ任期ハ四年トシ總選擧ノ第一日ヨリ之ヲ起算ス

議員ノ定數ニ異動ヲ生シタル爲解任ヲ要スル者アルトキハ每級各別ニ市長抽籤シテ之ヲ定ム選擧區アル場合ニ於テハ第十六條ノ市條例中ニ其ノ解任ヲ要スル者ノ選擧區及等級ヲ規定シ市長抽籤シテ之ヲ定ムヘシ但シ解任ヲ要スル選擧區及等級ニ闕員アルトキハ其ノ闕員ヲ以テ之ニ充ツヘシ

議員ノ定數ニ異動ヲ生シタル爲新ニ選擧セラレタル議員ハ總選擧ニ依リ選擧セラレタル議員ノ任期滿了ノ日迄在任ス

選擧區又ハ其ノ配當議員數ノ變更アリタル場合ニ於テ之ニ關シ必要ナル事項ハ第十六條ノ市條例中ニ之ヲ規定スヘシ

第二十條　市會議員中闕員ヲ生シ其闕員議員定數ノ三分ノ一以上ニ至リタルトキ又府縣知事市長若ハ市會ニ於テ必要ト認ムルトキハ補闕選擧ヲ行フヘシ

議員闕員トナリタルトキ其議員カ第三十條第二項ノ規定ノ適用ニ依リ當選者ト爲リタル者ナル場合又ハ本條本項若ハ第三十三條ノ規定ニ依ル第三十條第二項ノ規定ノ準用ニ依リ當選者ト爲リタル者ナル場合ニ於テハ市長ハ直ニ第三十條第二項ノ規定ノ適用又ハ準用ヲ受ケタル他ノ得票者ニ就キ當選者ヲ定ムヘシ此ノ場合ニ於テハ第三十條第二項ノ規定ヲ準用ス

補闕議員ハ其ノ前任者ノ殘任期間在任ス

補闕議員ハ前任者ノ選擧セラレタル等級及選擧區ニ於テ之ヲ選擧スヘシ

第二十一條　市長ハ選擧期日前六十日ヲ期トシ其ノ日ノ現在ニ依リ選擧人ノ資格

ヲ記載セル選擧人名簿ヲ調製スヘシ但シ選擧區アルトキハ選擧區毎ニ名簿ヲ調製スヘシ

第六條ノ市ニ於テハ市長ハ區長ヲシテ前項ノ名簿ヲ調製スヘシ

市長ハ選擧期日前四十日ヲ期トシ其ノ日ヨリ七日間毎日午前八時ヨリ午後四時迄市役所第六條ノ市ニ於テハ區役所又ハ告示シタル場所ニ於テ選擧人名簿ヲ關係者ノ縦覽ニ供スヘシ關係者ニ於テ異議アルトキハ縦覽期間内ニ之ヲ市長第六條ノ市ニ於テハ區長ヲ經テニ申立ツルコトヲ得此ノ場合ニ於テハ市長ハ縦覽期間滿了後三日以内ニ市會ノ決定ニ付スヘシ市會ハ其ノ送付ヲ受ケタル日ヨリ七日以内ニ之ヲ決定スヘシ

前項ノ決定ニ不服アル者ハ府縣參事會ニ訴願シ其ノ裁決又ハ第五項ノ裁決ニ不服アル者ハ行政裁判所ニ出訴スルコトヲ得

第三項ノ決定及前項ノ裁決ニ付テハ市長ヨリモ訴願又ハ訴訟ヲ提起スルコトヲ得

前二項ノ裁決ニ付テハ府縣知事ヨリモ訴訟ヲ提起スルコトヲ得

前四項ノ場合ニ於テ決定若ハ裁決確定シ又ハ判決アリタルニ依リ名簿ノ修正ヲ要スル時ハ市長ハ其ノ確定期日前ニ修正ヲ加ヘ第六條ノ市ニ於テハ區長ヲシテ修正スシムヘシ

選擧人名簿ハ選定期日前三日ヲ以ス確定ス

確定名簿ハ第三條又ハ第四條ノ處分アリタル場合ニ於テ府縣知事ノ指定スルモノヲ除クノ外其ノ確定シタル日ヨリ一年以内ニ於テ行フ選擧ニ之ヲ用ウ選擧區アル場合ニ於テハ各選擧區ニ涉リ同時ニ調製シタルモノハ確定シタル日ヨリ一年以內ニ於テ行フ選擧ニ之ヲ用ヰ一部ノ選擧區限リ調製シタルモノハ確定シタル日ヨリ一年以內ニ該選擧區ニ於テノミ行フ選擧ニ之ヲ用ウ但シ名簿確定後裁決確定シ又ハ判決アリタルニ依リ名簿ノ修正ヲ要スルトキハ選擧ノ終リタル後ニ於テ次ノ選擧期四日迄ニ之ヲ修正スヘシ

選擧人名簿ヲ修正シタルトキハ市長ハ直ニ其ノ要領ヲ告示シ第六條ノ市ニ於テハ區長ヲシテ之ヲ告示セシムヘシ

選擧分會ヲ設クルトキハ市長ハ確定名簿ニ依リ分會ノ區劃毎ニ名簿ノ抄本ヲ調製スヘシ第六條ノ市ニ於テハ區長ヲシテ之ヲ調製セシムヘシ

確定名簿ニ登錄セラレサル者ハ選擧ニ參與スルコトヲ得ス但シ選擧人名簿ニ登錄セラルヘキ確定裁決書又ハ判決書ヲ所持シ選擧ノ當日選擧會場ニ到ル者ハ此ノ限ニ在ラス

前項但書ノ選擧人ハ等級ノ標準タル直接市稅ニ依リ其ノ者ノ納額ニシテ名簿ニ登錄セラレタル一級選擧人中ノ最少額ヨリ多キトキハ一級ニ於テ其ノ他ハ二級ニ於テ選擧ヲ行フヘシ

確定名簿ニ登錄セラレタル者選擧權ヲ有セサルトキハ選擧ニ參與スルコトヲ得ス名簿ハ之ヲ修正スル限ニ在ラス

第三項乃至第六項ノ場合ニ於テ決定若ハ裁決確定シ又ハ判決アリタルニ依リ名簿無効ト爲リタルトキハ更ニ名簿ヲ調製スヘシ其ノ調製、縱覽、修正、確定及異議ノ決定ニ關スル期日、期限及期間ハ府縣知事ノ定ムル所ニ依ル名簿ノ喪失

シタルトキ亦同シ

選擧人名簿調製後ニ於テ選定期日ヲ變更スルコトアルモ其ノ名簿ヲ用ヰ縦覽、修正、確定及異議ノ決定ニ關スル期日期限及期間ハ前選擧期日ニ依リ之ヲ算定ス

第二十二條　市長ハ選擧期日前少クトモ七日間選擧會場投票ノ日時及各級ヨリ選擧スヘキ議員數ヲ名示スヘシ選擧區アル場合ニ於テハ各級ヨリ選擧スヘキ議員數ヲ選擧區每ニ分別シ選擧分會ヲ設クル場合ニ於テハ併セテ其ノ等級及區劃ヲ告示スヘシ

各選擧區ノ選擧ハ同日時ニ之ヲ行ヒ選擧分會ノ選擧ハ本會ト同日時ニ之ヲ行フヘシ天災事變等ニ依リ同日時ニ選擧ヲ行フコト能ハサルトキハ市長ハ其ノ選擧ヲ終ラサル選擧會又ハ選擧又ハ選擧分會ノミニ關シ更ニ選擧會場及投票ノ日時ヲ告示シ選擧ヲ行フヘシ

選擧ヲ行フ順序ハ先ツ二級ノ選擧ヲ行ヒ次ニ一級ノ選擧ヲ行フヘシ天災事變ニ

依リ選擧ヲ行フニト能ハサルニ至リタルトキハ市長ハ其ノ選擧ヲ終ラサル等級ノミニ關シ更ニ選擧會場及投票ノ日時ヲ告示シ選擧ヲ行フヘシ

第二十三條　市長ハ選擧長ト爲リ選擧會ヲ開閉シ其取締ニ任ス

各選擧區ノ選擧會ハ市長又ハ其ノ指名シタル吏員第六條ノ市ニ於テハ區長選擧長ト爲リ之ヲ開閉シ其ノ取締ニ任ス

選擧分會ハ市長ノ指名シタル吏員選擧分會長ト爲リ之ヲ開閉シ其ノ取締ニ任ス

市長第六條ノ市ニ於テハ區長ハ選擧人中ヨリ二人乃至四人ノ選擧立會人ヲ選任スヘシ但シ選擧區アルトキ又ハ選擧分會ヲ設ケタルトキハ各別ニ選擧立會人ヲ設クヘシ

選擧立會人ハ名譽職トス

第二十四條　選擧人ニ非サル者ハ選擧會場ニ入ルコトヲ得ス出シ選擧會場ノ事務ニ從事スル選擧會場ヲ監視スル職權ヲ有スル者又ハ警察官吏ハ此ノ限ニ在ラス

選擧會場ニ於テ演説討論ヲ爲シ若ハ喧擾ニ渉リ又ハ投票ニ關シ協議若ハ勸誘ヲ

爲ソ其ノ他選擧會場ノ秩序ヲ紊ス者アルトキハ選擧長又ハ分會長ハ之ヲ制止シ命ニ從ハサルトキハ之ヲ選擧會場外ニ退出セシムヘシ

前項ノ規定ニ依リ退出セシメラレタル者ハ最後ニ至リ投票ヲ爲スコトヲ得但シ選擧長又ハ分會長會場ノ秩序ヲ紊スノ虞ナシト認ムル場合ニ於テ投票ヲ爲サシムルヲ妨ケス

第二十五條　選擧ハ無記名投票ヲ以テ之ヲ行フ

投票ハ一人一票ニ限ル

選擧人ハ選擧ノ當日投票時間内ニ自ラ選擧會場ニ到リ選擧人名簿又其ノ抄本ノ對照ヲ經テ投票ヲ爲スヘシ

投票時間内ニ選擧會場ニ入リタル選擧人ハ其ノ時間ヲ過クルモ投票ヲ爲スコトヲ得

選擧人ハ選擧會場ニ於テ投票用紙ニ自ラ被選擧人一人ノ氏名ヲ記載シテ投函スヘシ但シ確定名簿ニ登錄セラレタル毎級選擧人ノ數其ノ選擧スヘキ議員數ノ三

倍ヨリ少キ場合ニ於テハ連名投票ノ法ヲ用ウヘシ
自ラ被選擧人ノ氏名ヲ書スルコト能ハアル者ハ投票ヲ爲スコトヲ得ス
投票用紙ハ市長ノ定ムル所ニ依リ一定ノ式ヲ用ウヘシ
選擧區アル場合ニ於テ選擧人名簿ノ調製後選擧人ノ所屬ニ異動ヲ生スルコトア
ルモ共ノ選擧人ハ前所屬ノ選擧區ニ於テ投票ヲ爲スヘシ
選擧分會ニ於テ爲シタル投票ノ分會長少クトモ一人ノ選擧立會人ト共ニ投票函
ノ儘之ヲ本會ニ送致スヘシ
第二十六條　第三十三條若ハ第三十七條ノ選擧、增員選擧又ハ補闕選擧ヲ同時ニ
行フ場合ニ於テハ一ノ選擧ヲ以テ合併シテ之ヲ行フ
第二十七條　削除
第二十八條　左ノ投票ハ之ヲ無效トス
一　成規ノ用紙ヲ用ヰサルモノ
二　現ニ市會議員ノ職ニ在ル者ノ氏名ヲ記載シタルモノ

三　投票中二人以上ノ被選擧人ノ氏名ヲ記載シタルモノ

四　被選擧人ノ何人タルカヲ確認シ難キモノ

五　被選擧權ナキ名ノ氏名ヲ記載シタルモノ

六　被選擧人ノ氏名ノ外他事ヲ記入シタルモノ但シ爵位職業身分住所又ハ敬稱ノ類ヲ記入シタルモノハ此ノ限ニ在ラス

七　被選擧人ノ氏名ヲ自書セサルモノ

連名投票ノ法ヲ用ヰタル場合ニ於テハ前項第一號第六號及第七號ニ該當スルモノ竝其記載ノ人員選擧スヘキ定數ニ過キタルモノハ之ヲ無效トシ前項第二號第四號及第五號ニ該當スルモノハ其ノ部分ノミヲ無效トス

第二十九條　投票ノ拒否及效力ハ選擧立會人之ヲ決定ス可否同數ナルトキハ選擧長之ヲ決スヘシ

選擧分會ニ於ケル投票ノ拒否ハ其ノ選擧立會人之ヲ決定ス可否同數ナルトキハ分會長之ヲ決スヘシ

第三十條　市會議員ノ選擧ハ有效投票ノ最多數ヲ得タル者ヲ以テ當選者トス但シ各級ニ於テ選擧スヘキ議員數ヲ以テ選擧人名簿ニ登錄セラレタル各級ノ人員數ヲ除シテ得タル數ノ七分ノ一以上ノ得票アルコトヲ要ス

前項ノ規定ニ依リ當選者ヲ定ムルニ當リ得票ノ數同シキトキハ年長者ヲ取リ年齢同シキトキハ選擧長抽籤シテ之ヲ定ムヘシ

第三十一條　選擧長又ハ分會長ハ選擧錄ヲ調製シテ選擧又ハ投票ノ顚末ヲ記載シ選擧又ハ投票ヲ終リタル後之ヲ朗讀シ選擧立會人二人以上ト共ニ之ニ署名スヘシ

各選擧區ノ選擧長ハ選擧錄第六條ノ市ニ於テハ其ノ謄本ヲ添ヘ當選者ノ住所氏名ヲ市長ニ報告スヘシ

選擧分會長ハ投票函ト同時ニ選擧錄ヲ本會ニ送致スヘシ

選擧錄ハ投票、選擧人名簿其ノ他ノ關係書類ト共ニ選擧及當選ノ效力確定スルニ至ル迄之ヲ保存スヘシ

第三十二條　當選者定マリタルトキハ市長ハ直ニ當選者ニ當選ノ旨ヲ告知シ第六條ノ市ニ於テハ區長ヲシテ之ヲ告知セシムヘシ

當選者當選ヲ辭セムトスルトキハ當選ノ告知ヲ受ケタル日ヨリ五日以内ニ之ヲ市長ニ申立ツヘシ

一人ニシテ數級又ハ選擧區ニ於テ當選シタルトキハ最終ニ當選ノ告知ヲ受ケタル日ヨリ五日以内ニ何レノ當選ニ應スヘキカヲ市長ニ申立ツヘシ其ノ期間内ニ之ヲ申立テサルトキハ市長抽籤シテ之ヲ定ム第十八條第二項ニ揭ケサル官吏ニシテ當選シタル者ハ所屬長官ノ許可ヲ受クルニ非サレハ之ニ應スルコトヲ得ス

前項ノ官吏ハ當選ノ告知ヲ受ケタル日ヨリ二十日以内ニ之ニ應スヘキ旨ヲ市長ニ申立テサルトキハ其ノ當選ヲ辭シタルモノト看做ス第三項ノ場合ニ於テ何レノ當選ニ應スヘキカヲ申立テサルトキハ總テ之ヲ辭シタルモノト看做ス

第三十三條　當選者當選ヲ辭シタルトキ、數級若ハ數選擧區ニ於テ當選シタル場合ニ於テ前條第三項ノ規定ニ依リ一ノ級若ハ選擧區ノ當選ニ應シ若ハ抽籤ニ依リ一ノ級若ハ選擧區ノ當選者ト定マリタル爲他ノ級若ハ選擧區ニ於テ當選者タラサルニ至リタルトキ、死亡者ナルトキ又ハ選擧ニ關スル犯罪ニ依リ刑ニ處セラレ其ノ當選無效ト爲リタルトキハ更ニ選擧ヲ行フヘシ但シ其ノ當選者第三十條第二項ノ規定ノ適用又ハ準用ニ依リ當選者ト爲リタル者ナル場合ニ於テハ第二十條第二項ノ例ニ依ル

當選者選擧ニ關スル犯罪ニ依リ刑ニ處セラレ其ノ當選無效ト爲リタルトキ其ノ前ニ其ノ者ニ關スル補闕選擧若ハ前項ノ選擧ノ告示ヲ爲シタル場合又ハ更ニ選擧ヲ行フコトナクシテ當選者ヲ定メタル場合ニ於テハ前項ノ規定ヲ適用セス

第三十四條　選擧ヲ終リタルトキハ市長ハ直ニ當選錄ノ謄本ヲ添ヘ之ヲ府知事ニ報告スヘシ

第三十二條第二項ノ期間ヲ經過シタルトキ、同條第三項若ハ第五項ノ申立アリタルトキ又ハ同條第四項ノ規定ニ依リ抽籤ヲ爲シタルトキハ市長ハ直ニ當選者ノ住所氏名ヲ告示シ併セテ之ヲ府縣知事ニ報告スヘシ

第三十五條　選擧ノ規定ニ違反スルコトアルトキハ當選ノ結果ニ異動ヲ生スルノ虞アル場合ニ限リ其ノ選擧ノ全部又ハ一部ヲ無效トス

第三十六條　選擧人選擧又ハ當選ノ效力ニ關シ異議アルトキハ選擧ニ關シテハ選擧ノ日ヨリ當選ニ關シテハ第三十四條第二項ノ告示ノ日ヨリ七日以內ニ之ヲ市長ニ申立ツルコトヲ得此ノ場合ニ於テハ市長ハ七日以內ニ市會ノ決定ニ付スヘシ市會ハ其ノ送付ヲ受ケタル日ヨリ十四日以內ニ之ヲ決定スヘシ

前項ノ決定ニ不服アル者ハ府縣參事會ニ訴願スルコトヲ得

府縣知事ハ選擧又ハ當選ノ效力ニ關シ異議アルトキハ選擧ニ關シテハ第三十四條第一項ノ報告ヲ受ケタル日ヨリ當選ニ關シテハ同條第二項ノ報告ヲ受ケタル日ヨリ二十日以內ニ之ヲ府縣參事會ノ決定ニ付スルコトヲ得

前項ノ決定アリタルトキ同一事件ニ付爲シタル異議ノ申立及市會ノ決定ハ無效トス

第二項若ハ第六項ノ裁決又ハ第三項ノ決定ニ不服アル者ハ行政裁判所ニ出訴ス

ルコトヲ得

第一項ノ決定ニ付テハ市長ヨリモ訴願ヲ提起スルコトヲ得

第二項若ハ前項ノ裁決又ハ第三項ノ決定ニ付テハ府縣知事又ハ市長ヨリモ訴訟ヲ提起スルコトヲ得

第二十條　第三十三條又ハ第三十七條第三項ノ選擧ハ之ニ關係アル選擧又ハ當選ニ關スル異議申立期間、異議ノ決定若ハ訴願ノ裁決確定セサル間又ハ訴訟ノ繫屬スル間之ヲ行フコトヲ得ス

市會議員ハ選擧又ハ當選ニ關スル決定若ハ裁決確定シ又ハ判決アル迄ハ會議ニ列席シ議事ニ參與スルノ權ヲ失ハス

第三十七條　當選無效ト確定シタルトキハ市長ハ直ニ第三十條ノ例ニ依リ更ニ當選者ヲ定ムヘシ

選擧無效ト確定シタルトキハ更ニ選擧ヲ行フヘシ

議員ノ定數ニ足ル當選者ヲ得ルコト能ハサルトキハ其不足ノ員數ニ付更ニ選擧

ヲ行フヘシ此場合ニ於テハ第三十條第一項但書ノ規定ヲ適用セス

第三十八條　市會議員ニシテ被選擧權ヲ有セサル者ハ其ノ職ヲ失フ其ノ被選擧權ノ有無ハ市會議員カ左ノ各號ノ一ニ該當スルニ因リ被選擧權ヲ有セサル場合ヲ除クノ外市會之ヲ決定ス

一　禁治産者又ハ準禁治産者ト爲リタルトキ

二　家資分散又ハ破産ノ宣告ヲ受ケ其ノ宣告確定シタルトキ

三　禁錮以上ノ刑ニ處セラレタルトキ

四　選擧ニ關スル犯罪ニ依リ罰金ノ刑ニ處セラレタルトキ

市長ハ市會議員中被選擧權ヲ有セサル者アリト認ムルトキハ之ヲ市會ノ決定ニ付スヘシ市會ハ其ノ送付ヲ受ケタル日ヨリ十四日以内ニ之ヲ決定スヘシ

第一項ノ決定ヲ受ケタル者其ノ決定ニ不服アルトキハ府縣參事會ニ訴願シ其ノ裁決又ハ第四項ノ裁決ニ不服アルトキハ行政裁判所ニ出訴スルコトヲ得

第一項ノ決定及前項ノ裁決ニ付テハ市長ヨリモ訴願又ハ訴訟ヲ提起スルコトヲ

得

前二項ノ裁決ニ付テハ府縣知事ヨリモ訴訟ヲ提起スルコトヲ得

第三十六條第九項ノ規定ハ第一項及前三項ノ場合ニ之ヲ準用ス

第一項ノ決定ハ文書ヲ以テ之ヲ爲シ其ノ理由ヲ附シ之ヲ本人ニ交付スヘシ

第三十九條　第二十一條及第三十六條ノ場合ニ於テ府縣參事會ノ決定及裁決ハ府縣知事、市會ノ決定ハ市長直ニ之ヲ告示スヘシ

第四十條　本法又ハ本法ニ基キテ發スル勅令ニ依リ設置スル議會ノ議員ノ選擧ニ付テハ衆議院議員選擧ニ關スル罰則ヲ準用ス

第二款　職務權限

第四十一條　市會ハ市ニ關スル事件及法律勅令ニ依リ其ノ權限ニ屬スル事件ヲ議決ス

第四十二條　市會ノ議決スヘキ事件ノ概目左ノ如シ

一　市條例及市規則ヲ設ケ又ハ改廢スル事

二　市費ヲ以テ支辨スヘキ事業ニ關スル事但シ第九十三條ノ事務及法律勅令ニ規定アルモノハ此ノ限ニ在ラス

三　歳入出豫算ヲ定ムル事

四　決算報告ヲ認定スル事

五　法令ニ定ムルモノヲ除クノ外使用料、手數料、加入金、市税又ハ夫役現品ノ賦課徴收ニ關スル事

六　不動產ノ管理處分及取得ニ關スル事

七　基本財產及積立金穀等ノ設置管理及處分ニ關スル事

八　歳入出豫算ヲ以テ定ムル者ヲ除クノ外新ニ義務ノ負擔ヲ爲シ及權利ノ拋棄ヲ爲ス事

九　財產及營造物ノ管理方法ヲ定ムル事但シ法律勅令ニ規定アルモノハ此ノ限ニ在ラス

十　市吏員ノ身元保證ニ關スル事

十一　市ニ係ル訴願訴訟及和解ニ關スル事

第四十三條　市會ハ其ノ權限ニ屬スル事項ノ一部ヲ市參事會ニ委任スルコトヲ得

第四十四條　市會ハ法律勅令ニ依リ其ノ權限ニ屬スル選擧ヲ行フヘシ

第四十五條　市會ハ市ノ事務ニ關スル書類及計算書ヲ檢閲シ市長ノ報告ヲ請求シテ事務ノ管理、議決ノ執行及出納ヲ檢査スルコトヲ得

市會ハ議員中ヨリ委員ヲ選擧シ市長又ハ其ノ指名シタル吏員立會ノ上實地ニ就キ前項市會ノ權限ニ屬スル事件ヲ行ハシムルコトヲ得

第四十六條　市會ハ市ノ公益ニ關スル事件ニ付意見書ヲ市長又ハ監督官廳ニ提出スルコトヲ得

第四十七條　市會ハ行政廳ノ諮問アルトキハ意見ヲ答申スヘシ

市會ノ意見ヲ徵シテ處分ヲ爲スヘキ場合ニ於テ市會成立セス招集ニ應セス若ハ意見ヲ提出セス又ハ市會ヲ招集スルコト能ハサルトキハ當該行政廳ハ其ノ意見ヲ俟タスシテ直ニ處分ヲ爲スコトヲ得

第四十八條　市會ハ議員中ヨリ議長及副議長一人ヲ選擧スヘシ
議長及副議長ノ任期ハ議員ノ任期ニ依ル

第四十九條　議長故障アルトキハ副議長之ニ代ハリ議長及副議長共ニ故障アルトキハ年長ノ議員議長ノ職務ヲ代理ス年齢同シトキハ抽籤ヲ以テ之ヲ定ム

第五十條　市長及其ノ委任又ハ囑託ヲ受ケタル者ハ會議ニ列席シテ議事ニ參與スルコトヲ得但シ議決ニ加ハルコトヲ得ス
前項ノ列席者發言ヲ求ムルトキハ議長ハ直ニ之ヲ許スヘシ但シ之カ爲議員ノ演說ヲ中止セシムルコトヲ得ス

第五十一條　市會ハ市長之ヲ招集ス議員定數三分ノ一以上ノ請求アルトキハ市長ハ之ヲ招集スヘシ
市長ハ必要アル場合ニ於テハ會期ヲ定メテ市會ヲ招集スルコトヲ得招集及會議ノ事件ハ開會ノ日ヨリ少クトモ三日前ニ之ヲ告知スヘシ但シ急施ヲ要スル場合ハ此ノ限ニ在ラス

市會開會中急施ヲ要スル事件アルトキハ市長ハ直ニ之ヲ其ノ會議ニ付スルコトヲ得三日前迄ニ告知ヲ爲シタル事件ニ付亦同シ

市會ハ市長之ヲ開閉ス

第五十二條　市會ハ議員定數ノ半數以上出席スルニ非サレハ會議ヲ開クコトヲ得ス但シ第五十四條ノ除斥ノ爲半數ニ滿タサルトキ、同一ノ事件ニ付招集再回ニ至ルモ仍半數ニ滿タサルトキ又ハ招集ニ應スルモ出席議員定數ヲ闕キ議長ニ於テ出席ヲ催告シ仍半數ニ滿タサルトキハ此ノ限ニ在ラス

第五十三條　市會ノ議事ハ過半數ヲ以テ決ス可否同數ナルトキハ議長ノ決スル所ニ依ル

第五十四條　議長及議員ハ自己又ハ父母、祖父母、妻、子孫、兄弟姉妹ノ一身上ニ關スル事件ニ付テハ其ノ議事ニ參與スルコトヲ得ス但シ市會ノ同意ヲ得タルトキハ會議ニ出席シ發言スルコトヲ得

第五十五條　法律勅令ニ依リ市會ニ於テ選擧ヲ行フトキハ本法中別段ノ規定アル

場合ヲ除クノ外一人毎ニ無記名投票ヲ爲シ有效投票ノ過半數ヲ得タル者ヲ以テ當選者トス 過半數ヲ得タル者ナキトキハ最多數ヲ得タル者二人ヲ取リ之ニ就キ決選投票ヲ爲サシム其ノ二人ヲ取ルニ當リ同數者アルトキハ年長者ヲ取リ年齢同シキトキハ議長抽籤シテ之ヲ定ム此ノ決選投票ニ於テハ多數ヲ得タル者ヲ以テ當選者トス同數ナルトキハ年長者ヲ取リ年齢同シキ時ハ議長抽籤シテ之ヲ定ム

前項ノ場合ニ於テハ第二十五條及第二十八條ノ規定ヲ用準シ投票ノ效力ニ關シ異議アルトキハ市會之ヲ決定ス

第一項ノ選擧ニ付テハ市會ハ其ノ議決ヲ以テ指名推選又ハ連名投票ノ法ヲ用ウルコトヲ得其ノ連名投票ノ法ヲ用ウル場合ニ於テハ前二項ノ例ニ依ル

第五十六條 市會ノ會議ハ公開ス但シ左ノ場合ハ此ノ限ニ在ラス

一 市長ヨリ傍聽禁止ノ要求ヲ受ケタルトキ

二 議長又ハ議員三人以上ノ發議ニ依リ傍聽禁止ヲ可決シタルトキ

前項議長又ハ議員ノ發議ハ討論ヲ須ヰス其ノ可否ヲ決スヘシ

第五十七條　議長ハ會議ヲ總理シ會議ノ順序ヲ定メ其ノ日ノ會議ヲ開閉シ議場ノ秩序ヲ保持ス

議員定數ノ半數以上ヨリ請求アルトキハ議長ハ其ノ日ノ會議ヲ開クコトヲ要ス此ノ場合ニ於テ議長仍會議ヲ開カサルトキハ第四十九條ノ例ニ依ル

前項議員ノ請求ニ依リ會議ヲ開キタルトキ又ハ議員中異議アルトキハ議長ハ會議ノ議決ニ依ルニ非サレハ其ノ日ノ會議ヲ閉チ又ハ中止スルコトヲ得ス

第五十八條　議員ハ選擧人ノ指示又ハ委囑ヲ受クヘカラス

議員ハ會議中無禮ノ語ヲ用ヰ又ハ他人ノ身上ニ渉リ言論スルコトヲ得ス

第五十九條　會議中本法又ハ會議規則ニ違ヒ其ノ他議場ノ秩序ヲ紊ス議員アルトキハ議長ハ之ヲ制止シ又ハ發言ヲ取消サシメ命ニ從ハサルトキハ當日ノ會議ヲ終ル迄發言ヲ禁止シ又ハ議場外ニ退去セシメ必要アル場合ニ於テハ警察官吏ノ處分ヲ求ムルコトヲ得

議場騷擾ニシテ整理シ難キトキハ議長ハ當日ノ會議ヲ中止シ又ハ之ヲ閉ツルコトヲ得

第六十條　傍聽人公然可否ヲ表シ又ハ喧騷ニ渉リ其ノ他會議ノ妨害ヲ爲ストキハ議長ハ之ヲ制止シ命ニ從ハサルトキハ之ヲ退場セシメ必要アル場合ニ於テハ警察官吏ノ處分ヲ求ムルコトヲ得

傍聽席騷擾ナルトキハ議長ハ總テノ傍聽人ヲ退場セシメ必要アル場合ニ於テハ警察官吏ノ處分ヲ求ムルコトヲ得

第六十一條　市會ニ書記ヲ置キ議長ニ隸屬シテ庶務ヲ處理セシム

書記ハ議長之ヲ任免ス

第六十二條　議長ハ書記ヲシテ會議錄ヲ調製シ會議ノ顚末及出席議員ノ氏名ヲ記載セシムヘシ

會議錄ハ議長及議員二人以上之ニ署名スルコトヲ要ス其ノ議員ハ市會ニ於テ之ヲ定ムヘシ議長ハ會議錄ヲ添ヘ會議ノ結果ヲ市長ニ報告スヘシ

第六十三條　市會ハ會議規則及傍聽人取締規則ヲ設クヘシ
會議規則ニハ本法及會議規則ニ違反シタル議員ニ對シ市會ノ議決ニ依リ三日以内出席ヲ停止シ又ハ二圓以下ノ過怠金ヲ科スル規定ヲ設クルコトヲ得

第三章　市參事會

第一款　組織及選擧

第六十四條　市ニ市參事會ヲ置キ左ノ職員ヲ以テ之ヲ組織ス

一　市長

二　助役

三　名譽職參事會員

前項ノ外市參與ヲ置ク市ニ於テハ市參與ハ參事會員トシテ其ノ擔任事業ニ關スル場合ニ限リ會議ニ列席シ議事ニ參與ス

第六十五條　名譽職參事會員ノ定數ハ六人トス但シ第六條ノ市ニ在リテハ市條例ヲ以テ十二人迄之ヲ增加スルコトヲ得

名譽職參事會員ハ市會ニ於テ其ノ議員中ヨリ之ヲ選擧スヘシ其ノ選擧ニ關シテハ第二十五條第二十八條及第三十條ノ規定ヲ準用シ投票ノ效力ニ關シテハ異議アルトキハ市會之ヲ決定ス

名譽職參事會員中闕員アルトキハ直ニ補闕選擧ヲ行フヘシ

名譽職參事會員ノ任期ハ市會議員ノ任期ニ依ル但シ市會議員ノ任期滿了ノ場合ニ於テハ後任名譽職參事會員選擧ノ日迄在任ス

第六十六條　市參事會ハ市長ヲ以テ議長トス市長故障アルトキハ市長代理者之ヲ代理ス

第二款　職　　限

第六十七條　市參事會ノ職務權限左ノ如シ

一　市會ノ權限ニ屬スル事件ニシテ其ノ委任ヲ受ケタルモノヲ議決スル事

二　市長ヨリ市會ニ提出スル議案ニ付市長ニ對シ意見ヲ述フル其事

三　其ノ他法令ニ依リ市參事會ノ權限ニ屬スル事件

第六十八條　市參事會ハ市長之ヲ招集ス名譽職會員定數ノ半數以上ノ請求アルトキハ市長ハ之ヲ招集スヘシ

第六十九條　市參事會ノ會議ハ傍聽ヲ許サス

第七十條　市參事會ハ議長又ハ其ノ代理者及名譽職參事會員定數ノ半數以上出席スルニ非サレハ會議ヲ開クコトヲ得ス但シ第二項ノ除斥ノ爲名譽職參事會員其ノ半數ニ滿タサルトキ、同一ノ事件ニ付招集再回ニ至ルモ仍名譽職參事會員其ノ半數ニ滿タサルトキ又ハ招集ニ應スルモ出席名譽職參事會員定數ヲ闕キ議長ニ於テ出席ヲ催告シ仍半數ニ滿タサルトキハ此ノ限ニ在ラス

議長及參事會員ハ自己又ハ父母、祖父母、妻、子孫、兄弟姉妹ノ一身上ニ關スル事件ニ付テハ其ノ議事ニ參與スルコトヲ得ス但シ市參事會ノ同意ヲ得タルトキハ會議ニ出席シ發言スルコトヲ得

議長及其ノ代理者共ニ前項ノ場合ニ當ルトキハ年長ノ名譽職參事會員議長ノ職務ヲ代理ス

第七十一條　第四十六條第四十七條第五十條第五十一條第二項及第五項第五十三條第五十五條第五十七條乃至第五十九條第六十一條第六十二條第一項及第二項ノ規定ハ市參事會ニ之ヲ準用ス

第四章　市吏員

第一款　組織選擧及任免

第七十二條　市ニ市長及助役一人ヲ置ク但シ第六條ノ市ノ助役ノ定數ハ内務大臣之ヲ定ム助役ノ定數ハ市條例ヲ以テ之ヲ增加スルコトヲ得

特別ノ必要アル市ニ於テハ市條例ヲ以テ市參與ヲ置クコトヲ得其ノ定數ハ其ノ市條例中ニ之ヲ規定スヘシ

第七十三條　市長ハ有給吏員トシ其ノ任期ハ四年トス

内務大臣ハ市會ヲシテ市長候補者三人ヲ選擧推薦セシメ上奏裁可ヲ請フヘシ

市長ハ内務大臣ノ認可ヲ受クルニ非サレハ任期中退職スルコトヲ得ス

第七十四條　市參與ハ名譽職トス但シ定數ノ全部又ハ一部ヲ有給吏員ト爲スコト

ヲ得此ノ場合ニ於テハ第七十二條第三項ノ市條例中ニ之ヲ規定スヘシ
市參與ハ市會ニ於テ之ヲ選擧シ內務大臣ノ認可ヲ受クヘシ
名譽職市參與ハ公民中選擧權ヲ有スル者ニ限ル

第七十五條　助役ハ有給吏員トシ其ノ任期ハ四年トス
助役ハ市長ノ推薦ニ依リ市會之ヲ定メ市長其ノ職ニ在ラサルトキハ市會ニ於テ之ヲ選擧シ府縣知事ノ認可ヲ受クヘシ
前項ノ場合ニ於テ府縣知事ノ不認可ニ對シ市長又ハ市會ニ於テ不服アルトキハ內務大臣ニ具狀シテ認可ヲ請フコトヲ得
助役ハ府縣知事ノ認可ヲ受クルニ非サレハ任期中退職スルコトヲ得ス

第七十六條　市長有給市參與及助役ハ第九條第一項ノ規定ニ拘ラス在職ノ間其ノ市ノ公民トス

第七十七條　市長市參與及助役ハ第十八條第二項ニ掲ケタル職ト兼ヌルコトヲ得ス又其ノ市ニ對シ請負ヲ爲シ及同一ノ行爲ヲ爲ス者ノ支配人又ハ主トシテ同一

ノ行爲ヲ爲ス法人ノ無限責任社員タルコトヲ得ス
市長ト父子兄弟タル緣故アル者ハ市參與又ハ助役ノ職ニ在ルコトヲ得ス
市參與ト父子兄弟タル緣故アル者ハ助役ノ職ニ在ルコトヲ得ス
父子兄弟タル緣故アル者ハ同時ニ市參與又ハ助役ノ職ニ在ルコトヲ得ス第十八條第六項ノ規定ハ此ノ場合ニ之ヲ準用ス

第七十八條　市長有給市參與及助役ハ府縣知事ノ許可ヲ受クルニ非サレハ他ノ報償アル業務ニ從事スルコトヲ得ス
市長有給市參與及助役ハ會社ノ取締役監査役若ハ之ニ準スヘキ者精算人又ハ支配人其ノ他ノ事務員タルコトヲ得ス

第七十九條　市ニ收入役一人ヲ置ク但シ市條例ヲ以テ副收入役ヲ置クコトヲ得
第七十五條第一項乃至第三項第七十七條第一項及第四項竝前條ノ規定ハ收入役及副收入役ニ第七十六條ノ規定ハ收入役ニ之ヲ準用ス
市長市參與又ハ助役ト父子兄弟タル緣故アル者ハ收入役又ハ副收入役ノ職ニ在

ルコトヲ得ツ收入役ト父子兄弟タル緣故アル者ハ副收入役ノ職ニ在ル事ヲ得ス
第八十條　第六條ノ市ノ區ニ區長一人ヲ置キ市有給吏員トシ市長之ヲ任免ス
第七十七條第一項及第七十八條ノ規定ハ區長ニ之ヲ準用ス
第八十一條　第六條ノ市ノ區ニ收入役一人又ハ區收入收及區副收入役各一人ヲ置ク
區收入役及區副收入役ハ第八十六條ノ吏員中市長、助役、市收入役、市副收入役又ハ區長トノ間及其ノ相互ノ間ニ父子兄弟タル緣故アラサル者ニ就キ市長之ヲ命ス
區收入役又ハ區副收入役ト爲リタル後市長、助役、市收入役、市副收入役又ハ區長トノ間ニ父子兄弟緣故生シタルトキハ區收相互ノ間ニ於テ區副收入役ニ之ヲ準用ス前項ノ規定ハ區收入役區副收入役又ハ區副收役ハ其ノ職ヲ失フ
第八十二條　第六條ノ市ヲ除キ其ノ他ノ市ハ處務便宜ノ爲區ヲ劃シ區長及其ノ代理者一人ヲ置クコトヲ得

前項ノ區長及其ノ代理者ハ名譽職トス市會ニ於テ市公民中選擧權ヲ有スル者ヨリ之ヲ選擧ス

內務大臣ハ前項ノ規定ニ拘ラス區長ヲ有給吏員ト爲スヘキ市ヲ指定スル事ヲ得

前項ノ區ニ付テハ第八十條第八十一條第九十四條第二項第九十七條第四項第九十八條及第九十九條ノ規定ヲ準用スルノ外必要ナル事項ハ勅令ヲ以テ之ヲ定ム

第八十三條　市ハ臨時又ハ常設ノ委員ヲ置クコトヲ得

委員ハ名譽職トス市會ニ於テ市會議員、名譽職市參事會員又ハ市公民中選擧權ヲ有スル者ヨリ之ヲ選擧ス但シ委員長ハ市長又ハ其ノ委任ヲ受ケタル市參與若ハ助役ヲ以テ之ニ充ツ

常設委員ノ組織ニ關シテハ市條例ヲ以テ別段ノ規定ヲ設クルコトヲ得

第八十四條　市公民ニ限リテ擔任スヘキ職務ニ在ル吏員ニシテ市公民權ヲ喪失シ若ハ停止セラレタルトキ又ハ第十一條第三項ノ場合ニ當ルトキハ其ノ職ヲ失フ職ニ就キタルカ爲市公民タル者ニシテ禁治產若ハ準禁治產ノ宣告ヲ受ケタルト

キ又ハ第十一條第二項若ハ第三項ノ場合ニ當ルトキ亦同シ

前項ノ職務ニ在ル者ニシテ禁錮以上ノ刑ニ當ルヘキ罪ノ爲豫審又ハ公判ニ付セラレタルトキハ監督官廳ハ其ノ職務ノ執行ヲ停止スルコトヲ得此ノ場合ニ於テハ其ノ停止期間報酬又ハ給料ヲ支給スルコトヲ得ス

第八十五條　前數條ニ定ムル者ノ外市ニ必要ノ有給吏員ヲ置キ市長之ヲ任免ス

前項吏員ノ定數ハ市會ノ議決ヲ經テ之ヲ定ム

第八十六條　前數條ニ定ムル者ノ外第六條及第八十二條第三項ノ市ノ區ニ必要ノ有給吏員ヲ置キ區長ノ申請ニ依リ市長之ヲ任免ス

前項吏員ノ定數ハ市會ノ議決ヲ經テ之ヲ定ム

第二款　職務權限

第八十七條　市長ハ市ヲ統轄シ市ヲ代表ス

市長ノ擔任スル事務ノ概目左ノ如シ

一　市會及參事會ノ議決ヲ經ヘキ事件ニ付其ノ議案ヲ發シ及其ノ議決ヲ執行スル

ル事

二　財産及營造物ヲ管理スル事但シ特ニ之カ管理者ヲ置キタルトキハ其ノ事務ヲ監督スル事

三　收入支出ヲ命令シ及會計ヲ監督スル事

四　證書及公文書類ヲ保管スル事

五　法令又ハ市會ノ議決ニ依リ使用料、手數料、加入金、市稅又ハ夫役現品ヲ賦課徵收スル事

六　其ノ他法令ニ依リ市長ノ職權ニ屬スル事項

第八十八條　市長ハ議案ヲ市會ニ提出スル前之ヲ市參事會ノ審査ニ付シ其ノ意見ヲ議案ニ添ヘ市會ニ提出スヘシ

前項ノ規定ニ依リ市參事會ノ審査ニ付シタル場合ニ於テ市參事會意見ヲ述ヘサルトキハ市長ハ其ノ意見ヲ俟タスシテ議案ヲ市會ニ提出スルコトヲ得

第八十九條　市長ハ市吏員ヲ指揮監督シ之ニ對シ懲戒ヲ行フコトヲ得但シ其懲戒

處分ハ譴責及十圓以下ノ過怠金トス

第九十條　市會又ハ市參事會ノ議決又ハ選擧其ノ權限ヲ超エ又ハ法令若ハ會議規則ニ背クト認ムルトキハ市長ハ其ノ意見ニ依リ又ハ監督官廳ノ指揮ニ依リ理由ヲ示シテ之ヲ再議ニ付シ又ハ再選擧ヲ行ハシムヘシ其ノ執行ヲ要スルモノニ在リテハ之ヲ停止スヘシ

前項ノ場合ニ於テ市會又ハ市參事會其ノ議決ヲ改メサルトキハ市長ハ府縣參事會ノ裁決ヲ請フヘシ但シ特別ノ事由アルトキハ再議ニ付セスシテ直ニ裁決ヲ請フコトヲ得

監督官廳ハ第一項ノ議決又ハ選擧ヲ取消スコトヲ得但シ裁決ノ申請アリタルトキハ此ノ限ニ在ラス

第二項ノ裁決又ハ前項ノ處分ニ不服アル市長市會又ハ市參事會ハ行政裁判所ニ出訴スルコトヲ得

市會又ハ市參事會ノ議決公益ヲ害シ又ハ市ノ收支ニ關シ不適當ナリト認ムルト

キハ市長ハ其ノ意見ニ依リ又ハ監督官廳ノ指揮ニ依リ理由ヲ示シテ之ヲ再議ニ付スヘシ其ノ執行ヲ要スルモノニ在リテハ之ヲ停止スヘシ

前項ノ場合ニ於テ市會又ハ市參事會其ノ議決ヲ改メサルトキハ市長ハ府縣參事會ノ裁決ヲ請フヘシ

前項ノ裁決ニ不服アル市長市會又ハ市參事會ハ內務大臣ニ訴願スルコトヲ得

第六項ノ裁決ニ付テハ府縣知事ヨリモ訴願ヲ提起スルコトヲ得

第二項ノ議決ニ付テハ府縣知事ヨリモ訴訟ヲ提起スルコトヲ得

第九十一條　市會成立セサルトキ、第五十二條但書ノ場合ニ於テ仍會議ヲ開クコト能ハサルトキ又ハ市長ニ於テ市會ヲ招集スルノ暇ナシト認ムルトキハ市長ハ市會ノ權限ニ屬スル事件ヲ市參事會ノ議決ニ付スルコトヲ得

前項ノ規定ニ依リ市參事會ニ於テ議決ヲ爲ストキハ市長市參與及助役ハ其ノ議決ニ加ハルコトヲ得ス

市參事會成立セサルトキ又ハ第七十條第一項但書ノ場合ニ於テ仍會議ヲ開クコ

ト能ハサルトキハ市長カ其ノ議決スヘキ事件ニ付府縣參事會ノ議決ヲ請フコトヲ得

市會又ハ市參事會ニ於テ其ノ議決スヘキ事件ヲ議決セサルトキハ前項ノ例ニ依ル

市會又ハ市參事會ノ決定スヘキ事件ニ關シテハ第四項ノ例ニ依ル此ノ場合ニ於ケル市參事會又ハ府縣參事會ノ決議ニ關シテハ各本條ノ規定ニ準シ訴願又ハ訴訟ヲ提起スルコトヲ得

第一項及前三項ノ規定ニ依ル處置ニ付テハ次回ノ會議ニ於テ之ヲ市會又ハ市參事會ニ報告スヘシ

第九十二條　市參事會ニ於テ議決又ハ決定スヘキ事件ニ關シ臨時急施ヲ要スル場合ニ於テ市參事會成立セサルトキ又ハ市長ニ於テ之ヲ招集スルノ暇ナシト認ムルトキハ市長ハ之ヲ専決シ次回ノ會議ニ於テ之ヲ市參事會ニ報告スヘシ

前項ノ規定ニ依リ市長ノ爲シタル處分ニ關シテハ各本條ノ規定ニ準シ訴願又ハ

訴訟ヲ提起スルコトヲ得

第九十三條　市長其ノ他市吏員ハ法令ノ定ムル所ニ依リ國府縣其ノ他公共團體ノ事務ヲ掌ル

前項ノ事務ヲ執行スル爲要スル費用ハ市ノ負擔トス但シ法令中別段ノ規定アルモノハ此ノ限ニ在ラス

第九十四條　市長ハ府縣知事ノ許可ヲ得テ其ノ事務ノ一部ヲ助役ニ分掌セシムルコトヲ得但シ市ノ事務ニ付テハ豫メ市會ノ同意ヲ得ルコトヲ要ス

第六條ノ市ノ市長ハ前項ノ例ニ依リ其ノ事務ノ一部ヲ區長ニ分課セシムルコトヲ得

市長ハ市吏員ヲシテ其ノ事務ノ一部ヲ臨時代理セシムルコトヲ得

第九十五條　市參與ハ市長ノ指揮監督ヲ承ケ市ノ經營ニ屬スル特別ノ事業ヲ擔任ス

第九十六條　助役ハ市長ノ事務ヲ補助ス

助役ハ市長故障アルトキ之ヲ代理ス助役數人アルトキハ豫メ市長ノ定メタル順序ニ依リ之ヲ代理ス

第九十七條　收入役ハ市ノ出納其ノ他ノ會計及事務及第九十三條ノ事務ニ關スル國府縣其ノ他公共團體ノ出納其ノ他ノ會計事務ヲ掌ル但シ法令中別段ノ規定アルモノハ此ノ限ニ在ラス

副收入役ハ收入役ノ事務ヲ補助シ收入役故障アルトキ之ヲ代理ス副收入役數人アルトキハ豫メ市長ノ定メタル順序ニ依リ之ヲ代理ス

市長ハ府縣知事ノ許可ヲ得テ收入役ノ事務ノ一部ヲ副收入役ニ分掌セシムルコトヲ得但シ市ノ出納其ノ他ノ會計事務ニ付テハ豫メ市會ノ同意ヲ得ルコトヲ要ス

第六條ノ市ノ市長ハ前項ノ例ニ依リ收入役ノ事務ノ一部ヲ區收入役ニ分掌セシムルコトヲ得

副收入役ヲ置カサル場合ニ於テハ市ハ收入役故障アルトキ之ヲ代理スヘキ吏員

ヲ定メ府縣知事ノ認可ヲ受クヘシ

第九十八條　第六條ノ市ノ區長ハ市長ノ命ヲ承ケ又ハ法令ノ定ムル所ニ依リ區內ニ關スル市ノ事務及區ノ事務ヲ掌ル

區長其ノ他區所屬ノ吏員ハ市長ノ命ヲ承ケ又ハ法令ノ定ムル所ニ依リ國府縣其ノ他公共團體ノ事務ヲ掌ル

區長故障アルトキハ區收入役及區副收入役ニ非サル區所屬ノ吏員中上席者ヨリ順次之ヲ代理ス

第一項及第二項ノ事務ヲ執行スル爲要スル費用ハ市ノ負擔トス但シ法令中別段ノ規定アルモノハ此ノ限ニ在ラス

第九十九條　第六條ノ市ノ區收入役ハ市收入役ノ命ヲ承ケ又ハ法令ノ定ムル所ニ依リ市及區ノ出納其ノ他ノ會計事務並國府縣其ノ他公共團體ノ出納其ノ他ノ會計事務ヲ掌ル

區長ハ市長ノ許可ヲ得テ區收入役ノ事務ノ一部ヲ區副收入役ニ分掌セシムルコ

トヲ得但シ區ノ出納其ノ他ノ會計事務ニ付テハ豫メ區會ノ同意ヲ得ルコトヲ要ス市長ハ市ノ出納其他ノ會社事務ニ付前項ノ許可ヲ爲ス場合ニ於テハ豫メ市會ノ同意ヲ得ルコトヲ要ス

區副收入役ヲ置カサル場合ニ於テハ市長ハ區收入役故障アルトキ之ヲ代理スヘキ吏員ヲ定ムヘシ

區收入役及區副收入役ノ職務權限ニ關シテハ第四項ニ規定スルモノノ外市收入役及市副收入役ニ關スル規定ヲ準用ス

第百條　名譽職區長ハ市長ノ命ヲ承ケ市長ノ事務ニシテ區內ニ關スル者ヲ補助ス

名譽職區長代理者ハ區長ノ事務ヲ補助シ區長故障アルトキ之ヲ代理ス

第百一條　委員ハ市長ノ指揮監督ヲ承ケ財產又ハ營造物ヲ管理シ其ノ他委託ヲ受ケタル市ノ事務ヲ調査シ又ハ之ヲ處辨ス

第百二條　第八十五條ノ吏員ハ市長ノ命ヲ承ケ事務ニ從事ス

第百三條　第八十六條ノ吏員ハ市長ノ命ヲ承ケ事務ニ從事ス

區長ハ前項ノ吏員ヲシテ其ノ事務ノ一部ヲ臨時代理セシムル事ヲ得

第五章　給料及給與

第百四條　名譽職市參與、市會議員、名譽職參事會員其ノ他ノ名譽職員ハ職務ノ爲要スル費用ノ辨償ヲ受クルコトヲ得

名譽職市參與、名譽職區長、名譽職區長代理者及委員ニハ費用辨償ノ外勤務ニ相當スル報酬ヲ給スルコトヲ得

費用辨償額、報酬額及其ノ支給方法ハ市會ノ議決ヲ經テ之ヲ定ム

第百五條　市長、有給市參與、助役其ノ他ノ有給吏員ノ給料額、旅費額及其ノ支給方法ハ市會ノ議決ヲ經テ之ヲ定ム

第百六條　有給吏員ニハ市條例ノ定ムル所ニ依リ退隱料、退職給與金、死亡給與金又ハ遺族扶助料ヲ給スルコトヲ得

第百七條　費用辨償、報酬、給料、旅費、退隱料、退職給與金、死亡給與金又ハ遺族扶助料ノ給與ニ付關係者ニ於テ異議アルトキハ之ヲ市長ニ申立ツルコトヲ

得

前項ノ異議ハ之ヲ市參事會ノ決定ニ付スヘシ關係者其ノ決定ニ不服アルトキハ府縣參事會ニ訴願シ其ノ裁決又ハ第三項ノ裁決ニ不服アルトキハ行政裁判所ニ出訴スルコトヲ得

前項ノ決定及裁決ニ付テハ市長ヨリモ訴願又ハ訴訟ヲ提起スルコトヲ得

前二項ノ裁決ニ付テハ府縣知事ヨリモ訴訟ヲ提起スルコトヲ得

第百八條　費用辨償、報酬、給料、旅費、退隱料、退職給與金、死亡給與金、遺族扶助料其ノ他ノ給與ハ市ノ負擔トス

第六章　市ノ財務

第一款　財産營造物及市税

第百九條　收益ノ爲ニスル市ノ財産ハ基本財産トシ之ヲ維持スヘシ市ハ特定ノ目的ノ爲特別ノ基本財産ヲ設ケ又ハ金穀等ヲ積立ツルコトヲ得

第百十條　舊來ノ慣行ニ依リ市住民中特ニ財産又ハ營造物ヲ使用スル權利ヲ有ス

ル者アルトキハ其ノ舊慣ニ依ル舊慣ヲ變更又ハ廢止セムトスルトキハ市會ノ議決ヲ經ヘシ

前項ノ財產又ハ營造物ヲ新ニ使用セムトスル者アルトキハ市ハ之ヲ許可スルコトヲ得

第百十一條　市ハ前條ニ規定スル財產ノ使用方法ニ關シ市規則ヲ設クルコトヲ得

第百十二條　市ハ第百十條第一項ノ使用者ヨリ使用料ヲ徵收シ同條第二項ノ使用ニ關シテハ使用料若ハ一時ノ加入金ヲ徵收シ又ハ使用料加入金ヲ共ニ徵收スルコトヲ得

第百十三條　市ハ營造物ノ使用ニ付使用料ヲ徵收スルコトヲ得

市ハ特ニ一個人ノ爲ニスル事務ニ付手數料ヲ徵收スルコトヲ得

第百十四條　財產ノ賣却貸與、工事ノ請負及物件勞力其ノ他ノ供給ハ競爭入札ニ付スヘシ但シ臨時急施ヲ要スルトキ、入札ノ價額其ノ費用ニ比シテ得失相償ハサルトキ又ハ市會ノ同意ヲ得タルトキハ此ノ限ニ在ラス

第百十五條　市ハ其ノ公益上必要アル場合ニ於テハ寄附又ハ補助ヲ爲スコトヲ得

第百十六條　市ハ其ノ必要ナル費用及從來法令ニ依リ又ハ將來法律勅令ニ依リ市ノ負擔ニ屬スル費用ヲ支辨スル義務ヲ負フ

市ハ其ノ財產ヨリ生スル收入、使用料、手數料、過料、過怠金其ノ他法令ニ依リ市ニ屬スル收入ヲ以テ前項ノ支出ニ充テ仍不足アルトキハ市稅及夫役現品ヲ賦課徵收スルコトヲ得

第百十七條　市稅トシテ賦課スルコトヲ得ヘキモノ左ノ如シ

一　國稅府縣稅ノ附加稅

二　特別稅

直接國稅又ハ直接府縣稅ノ附加稅ハ均一ノ稅率ヲ以テ之ヲ徵收スヘシ但シ第百六十七條ノ規定ニ依リ許可ヲ受ケタル場合ハ此ノ限ニ在ラス

國稅ノ附加稅タル府縣稅ニ對シテハ附加稅ヲ賦課スルコトヲ得ス

特別稅ハ別ニ稅目ヲ起シテ課稅スルノ必要アルトキ賦課徵收スルモノトス

第百十八條　三月以上市內ニ滯在スル者ハ其滯在ノ初ニ遡リ市税ヲ納ムル義務ヲ負フ

第百十九條　市內ニ住所ヲ有セス又ハ三月以上滯在スルコトナシト雖市內ニ於テ土地家屋物件ヲ所有シ使用シ若ハ占有シ、市內ニ營業所ヲ設ケテ營業ヲ爲シ又ハ市內ニ於テ特定ノ行爲ヲ爲ス者ハ其ノ土地家屋物件營業若ハ其ノ收入ニ對シ又ハ市ノ行爲ニ對シテ賦課スル市税ヲ納ムル義務ヲ負フ

第百二十條　納税者ノ市外ニ於テ所有シ使用シ占有スル土地家屋物件若ハ其ノ收入又ハ市外ニ於テ營業所ヲ設ケタル營業若ハ其ノ收入ニ對シテハ市税ヲ賦課スルコトヲ得ス

市ノ內外ニ於テ營業所ヲ設ケ營業ヲ爲ス者ニシテ其ノ營業又ハ收入ニ對スル本税ヲ分別シテ納メサルモノニ對シ附加税ヲ賦課スル場合及住所滯在市ノ內外ニ渉ル者ノ收入ニシテ土地家屋物件又ハ營業所ヲ設ケタル營業ヨリ生スル收入ニ非サルモノニ對シ市税ヲ賦課スル場合ニ付テハ勅令ヲ以テ之ヲ定ム

第百二十一條　所得稅法第十八條ニ揭クル所得ニ對シテハ市稅ヲ賦課スルコトヲ得ス

神社寺院祠宇佛堂ノ用ニ供スル建物及其ノ境內地並敎會所說敎所ノ用ニ供スル建物及其ノ構內地ニ對シテハ市稅ヲ賦課スルコトヲ得ス但シ有料ニテ之ヲ使用セシムル者及住宅ヲ以テ敎會所說敎所ノ用ニ充ツル者ニ對シテハ此ノ限ニ在ラス

國府縣市町村其ノ他公共團體ニ於テ公用ニ供スル家屋物件及營造物ニ對シテハ市稅ヲ賦課スルコトヲ得ス但シ有料ニテ之ヲ使用セシムル者及使用收益者ニ對シテハ此ノ限ニ在ラス

國ノ事業又ハ行爲及國有ノ土地家屋物件ニ對シテハ國ニ市稅ヲ賦課スルコトヲ得ス

第四項ノ而外市稅ヲ賦課スルコトヲ得サルモノハ別ニ法律勅令ノ定ムル所ニ依ル

第百二十二條　數人ヲ利スル營造物ノ設置維持其ノ他ノ必要ナル費用ハ其ノ關係

者ニ負擔セシムルコトヲ得

市ノ一部ヲ利スル營造物ノ設置維持其ノ他ノ必要ナル費用ハ其ノ部內ニ於テ市稅ヲ納ムル義務アル者ニ負擔セシムルコトヲ得

前項ノ場合ニ於テ其ノ一部ノ收入アルトキ亦同シ

數人又ハ市ノ一部ヲ利スル財產ニ付テハ前三項ノ例ニ依ル

第百二十三條　市稅及其ノ賦課徵收ニ關シテハ本法其ノ他ノ法律ニ規定アルモノノ外勅令ヲ以テ之ヲ定ムルコトヲ得

第百二十四條　數人又ハ市ノ一部ニ對シ特ニ利益アル事件ニ關シテハ市ハ不均一ノ賦課ヲ爲シ又ハ數人若ハ市ノ一部ニ對シ賦課ヲ爲スコトヲ得

第百二十五條　夫役又ハ現品ハ直接市稅ヲ準率ト爲シ且之ヲ金額ニ算出シテ賦課スヘシ但シ第百六十七條ノ規定ニ依リ許可ヲ受ケタル場合ハ此ノ限ニ在ラス

學藝美術及手工ニ關スル勞務ニ付テハ夫役ヲ賦課スルコトヲ得ス

夫役ヲ賦課セラレタル者ハ本人自ラ之ニ當リ又ハ適當ノ代人ヲ出スコトヲ得

夫役又ハ現品ハ金錢ヲ以テ之ニ代フルコトヲ得

第一項及前項ノ規定ハ急迫ノ場合ニ賦課スル夫役ニ付テハ之ヲ適用セス

第百二十六條　非常災害ノ爲必要アルトキハ市ハ他人ノ土地ヲ一時使用シ又ハ其ノ土石竹木其ノ他ノ物品ヲ使用シ若ハ收用スルコトヲ得但シ其ノ損失ヲ補償スヘシ

前項ノ場合ニ於テ危險防止ノ爲必要アルトキハ市長、警察官吏又ハ監督官廳ハ市內ノ居住者ヲシテ防禦ニ從事セシムルコトヲ得

第一項但書ノ規定ニ依リ補償スヘキ金額ハ協議ニ依リ之ヲ定ム協議調ハサルトキハ鑑定人ノ意見ヲ徵シ府縣知事之ヲ決定ス決定ヲ受ケタル者其ノ決定ニ不服アルトキハ內務大臣ニ訴願スルコトヲ得

前項ノ決定ハ文書ヲ以テ之ヲ爲シ其ノ理由ヲ附シ之ヲ本人ニ交付スヘシ

第一項ノ規定ニ依リ土地ノ一時使用ノ處分ヲ受ケタル者其ノ處分ニ不服アルトキハ府縣知事ニ訴願シ其ノ裁決ニ不服アルトキハ內務大臣ニ訴願スルコトヲ得

第百二十七條　市税ノ賦課ニ關シ必要アル場合ニ於テハ當該吏員ハ日出ヨリ日沒迄ノ間營業者ニ關シテハ仍其ノ營業時間内家宅若ハ營業所ニ臨檢シ又ハ帳簿物件ノ檢査ヲ爲スコトヲ得

前項ノ場合ニ於テハ當該吏員ハ其ノ身分ヲ證明スヘキ證票ヲ携帶スヘシ

第百二十八條　市長ハ納税者中特別ノ事情アル者ニ對シ納税延期ヲ許スコトヲ得

其ノ年度ヲ越ユル場合ハ市參事會ノ議決ヲ經ヘシ

市ハ特別ノ事情アル者ニ限リ市税ヲ減免スルコトヲ得

第百二十九條　使用料手數料及特別税ニ關スル事項ニ付テハ市條例ヲ以テ之ヲ規定スヘシ其條例中ニハ五圓以下ノ過料ヲ科スル規定ヲ設クルコトヲ得

過料ノ處分ヲ受ケタル者其ノ處分ニ不服アルトキハ府縣參事會ニ訴願シ其ノ裁決ニ不服アルトキハ行政裁判所ニ出訴スルコトヲ得

前項ノ裁決ニ付テハ府縣知事又ハ市長ヨリモ訴訟ヲ提起スルコトヲ得

第百三十條　市税ノ賦課ヲ受ケタル者ノ賦課ニ付違法又ハ錯誤アリト認ムルトキハ徴税令書ノ交付ヲ受ケタル日ヨリ三月以内ニ市長ニ異議ノ申立ヲ為スコトヲ得

財産又ハ營造物ヲ使用スル權利ニ關シ異議アル者ハ之ヲ市長ニ申立ツルコトヲ得

前二項ノ異議ハ之ヲ市參事會ノ決定ニ付ス其ノ決定ヲ受ケタル者其ノ決定ニ不服アルトキハ府縣參事會ニ訴願シ其ノ裁決又ハ第五項ノ裁決ニ不服アルトキハ行政裁判所ニ出訴スルコトヲ得

第一項及前項ノ規定ハ使用料手數料及加入金ノ徴收並夫役現品ノ賦課ニ關シ之ヲ準用ス

前二項ノ規定ニ依ル決定及裁決ニ付テハ市長ヨリモ訴願又ハ訴訟ヲ提起スルコトヲ得

前三項ノ規定ニ依ル裁決ニ付テハ府縣知事ヨリモ訴訟ヲ提起スルコトヲ得

第百三十一條　市稅、使用料、手數料、加入金、過料、過怠金其ノ他ノ市ノ收入ヲ定期内ニ納メサル者アルトキハ市長ハ期限ノ指定シテ之ヲ督促スヘシ

夫役現品ノ賦課ヲ受ケタル者定期内ニ其ノ履行ヲ爲サス又ハ夫役現品ニ代フル金錢ヲ納メサルトキハ市長ハ期限ヲ指定シテ之ヲ督促スヘシ急迫ノ場合ニ賦課シタル夫役ニ付テハ更ニ之ヲ金額ニ算出シ期限ヲ指定シテ其ノ納付ヲ命スヘシ

第二項ノ場合ニ於テハ市條例ノ定ムル所ニ依リ手數料ヲ徴收スルコトヲ得

滯納者第一項又ハ第二項ノ督促又ハ命令ヲ受ケ其ノ指定ノ期限内ニ之ヲ完納セサルトキハ國稅滯納處分ノ例ニ依リ之ヲ處分スヘシ

第一項乃至第三項ノ徴收金ハ府縣ノ徴收金ニ次テ先取特權ヲ有シ其ノ追徴還付及時效ニ付テハ國稅ノ例ニ依ル

前三項ノ處分ヲ受ケタル者其ノ處分ニ不服アルトキハ府縣參事會ニ訴願シ其ノ裁決ニ不服アルトキハ行政裁判所ニ出訴スルコトヲ得

前項ノ裁決ニ付テハ府縣知事又ハ市長ヨリモ訴訟ヲ提起スルコトヲ得

第四項ノ處分中差押物件ノ公賣ハ處分ノ確定ニ至ル迄執行ヲ停止ス

第百三十二條　市ハ其ノ負債ヲ償還スル爲、市ノ永久ノ利益ト爲ルヘキ支出ヲ爲ス爲又ハ天災事變等ノ爲必要アル場合ニ限リ市債ヲ起スコトヲ得

市債ヲ起スニ付市會ノ議決ヲ經ルトキハ併セテ起債ノ方法、利息ノ定率及償還ノ方法ニ付決議ヲ經ヘシ

市長ハ豫算内ノ支出ヲ爲ス爲市參事會ノ議決ヲ經テ一時ノ借入金ヲ爲スコトヲ得

前項ノ借入金ハ其ノ會計年度内ノ收入ヲ以テ償還スヘシ

第二款　歳入出豫算及決算

第百三十三條　市長ハ每會計年歳入出豫算ヲ調製シ遲クトモ年度開始ノ一月前ニ市會ノ議決ヲ經ヘシ

市ノ會計年度ハ政府ノ會計年度ニ依ル

豫算ヲ市會ニ提出スルトキハ市長ハ併セテ事務報告書及財產表ヲ提出スヘシ

第百三十四條　市長ハ市會ノ議決ヲ經テ既定豫算ノ追加又ハ更正ヲ爲スコトヲ得

第百三十五條　市費ヲ以テ支辨スル事件ニシテ數年ヲ期シテ其ノ費用ヲ支出スヘキモノハ市會ノ議決ヲ經テ其ノ年期間各年度ノ支出額ヲ定メ繼續費ト爲スコトヲ得

第百三十六條　市ハ豫算外ノ支出又ハ豫算超過ノ支出ニ充ツル爲豫備費ヲ設クヘシ

特別會計ニハ豫備費ヲ設ケサルコトヲ得

豫備費ハ市會ノ否決シタル費途ニ充ツルコトヲ得ス

第百三十七條　豫算ハ議決ヲ經タル後直ニ之ヲ府縣知事ニ報告シ且其ノ要領ヲ告示スヘシ

第百三十八條　市ハ特別會計ヲ設クルコトヲ得

第百三十九條　市會ニ於テ豫算ヲ議決シタルトキハ市長ヨリ其ノ謄本ヲ收入役ニ交付スヘシ

收入役ハ市長又ハ監督官廳ノ命令アルニ非サレハ支拂ヲ爲スコトヲ得ス命令ヲ受クルモ支出ノ豫算ナク且豫備費支出、費目流用其ノ他財務ニ關スル規定ニ依リ支出ヲ爲スコトヲ得サルトキ亦同シ

第百四十條　市ノ支拂金ニ關スル時效ニ付テハ政府ノ支拂金ノ例ニ依ル

第百四十一條　市ノ出納ハ毎月例日ヲ定メテ之ヲ檢査シ且毎會計年度少クトモ二回臨時檢査ヲ爲スヘシ

檢査ハ市長之ヲ爲シ臨時檢査ニハ名譽職參事會員ニ於テ互選シタル參事會員二人以上ノ立會ヲ要ス

第百四十二條　市ノ出納ハ翌年六月三十日ヲ以テ閉鎖ス

決算ハ出納閉鎖後一月以內ニ證書類ヲ併セテ收入役ヨリ之ヲ市長ニ提出スヘシ市長ハ之ヲ審査シ意見ヲ付シテ次ノ通常豫算ヲ議スル會議迄ニ之ヲ市會ノ認定ニ付スヘシ

決算ハ其ノ認定ニ關スル市會ノ議決ト共ニ之ヲ府縣知事ニ報告シ且其ノ要領ヲ

告示スヘシ
決算ヲ市參事會ノ會議ニ付スル場合ニ於テハ市長市參與及助役ハ其ノ議決ニ加ハルコトヲ得ス
第百四十三條　豫算調製ノ式、費目流用其ノ他財務ニ關シ必要ナル規定ハ内務大臣之ヲ定ム

第七章　市ノ一部ノ事務

第百四十四條　市ノ一部ニシテ財產ヲ有シ又ハ營造物ヲ設ケタルモノアルトキハ其ノ財產又ハ營造物ノ管理及處分ニ付テハ本法中市ノ財產又ハ營造物ニ關スル規定ニ依ル但シ法律勅令中別段ノ規定アル場合ハ此ノ限ニ在ラス
前項ノ財產又ハ營造物ニ關シ特ニ要スル費用ハ其ノ財產又ハ營造物ノ屬スル市ノ一部ノ負擔トス
前二項ノ場合ニ於テハ市ノ一部ハ其ノ會計ヲ分別スヘシ
第百四十五條　前條ノ財產又ハ營造物ニ關シ必要アリト認ムルトキハ府縣知事ハ

市會ノ意見ヲ徴シ府縣參事會ノ議決ヲ經テ市條例ヲ設定シ市會ヲ設ケテ市會ノ議決スヘキ事項ヲ議決セシムルコトヲ得

第百四十六條　市會議員ハ市ノ名譽職トス其ノ定數、任期、選擧權及被選擧權ニ關スル事項ハ前條ノ市條例中ニ之ヲ規定スヘシ

區會議員ノ選擧ニ付テハ市會議員ニ關スル規定ヲ準用ス但シ選擧人名簿又ハ選擧若ハ當選ノ効力ニ關スル異議ノ決定及被選擧權ノ有無ノ議決ハ市會ニ於テ之ヲ爲スヘシ

區會議員ノ選擧ニ付テハ前條ノ市條例ヲ以テ選擧人ノ等級ヲ設ケサルコトヲ得

區會ニ關シテハ市會ニ關スル規定ヲ準用ス

第百四十七條　第百四十四條ノ場合ニ於テ市ノ一部府縣知事ノ處分ニ不服アルトキハ内務大臣ニ訴願スルコトヲ得

第百四十八條　第百四十四條ノ市ノ一部ノ事務ニ關シテハ本法ニ規定スルモノノ

外勅令ヲ以テ之ヲ定ム

第八章　市町村組合

第百四十九條　市町村ハ其ノ事務ノ一部ヲ共同處理スル爲其ノ協議ニ依リ府縣知事ノ許可ヲ得テ市町村組合ヲ設クルコトヲ得

公益上必要アル場合ニ於テハ府縣知事ハ關係アル市町村會ノ意見ヲ徵シ府縣參事會ノ議決ヲ經內務大臣ノ許可ヲ得テ前項ノ市町村組合ヲ設クルコトヲ得

市町村組合ハ法人トス

第百五十條　市町村組合ニシテ其ノ組合市町村ノ數ヲ增減シ又ハ共同事務ノ變更ヲ爲サムトスルトキハ關係市町村ノ協議ニ依リ府縣知事ノ許可ヲ受クヘシ

公益上必要アル場合ニ於テハ府縣知事ハ關係アル市町村會ノ意見ヲ徵シ府縣參事會ノ議決ヲ經內務大臣ノ許可ヲ得テ組合市町村ノ數ヲ增減シ又ハ共同事務ノ變更ヲ爲スコトヲ得

第百五十一條　市町村組合ヲ設クルトキハ關係市町村ノ協議ニ依リ組合規約ヲ定

メ府縣知事ノ許可ヲ受クヘシ組合規約ヲ變更セムトスルトキ亦同シ
公益上必要アル場合ニ於テハ府縣知事ハ關係アル市町村會ノ意見ヲ徴シ府縣參事會ノ議決ヲ經内務大臣ノ許可ヲ得テ組合規約ヲ定メ又ハ變更スルコトヲ得

第百五十二條　組合規約ニハ組合ノ名稱、組合ヲ組織スル市町村、組合ノ共同事務、組合役場ノ位置、組合會ノ組織及組合會議員ノ選擧組合吏員ノ組織及選任並組合費用ノ支辨方法ニ付規定ヲ設ハヘシ

第百五十三條　市町村組合ヲ解カムトスルトキハ關係市町村ノ協議ニ依リ府縣知事ノ許可ヲ受クヘシ
公益上必要アル場合ニ於テハ府縣知事ハ關係アル市町村會ノ意見ヲ徴シ府縣參事會ノ議決ヲ經内務大臣ノ許可ヲ得テ市町村組合ヲ解クコトヲ得

第百五十四條　第百五十條第一項及前條第一項ノ場合ニ於テ財産ノ處分ニ關スル事項ハ關係市町村ノ協議ニ依リ府縣知事ノ許可ヲ受クヘシ

第百五十條第二項及前條第二項ノ場合ニ於テ財產ノ處分ニ關スル事項ハ關係アル市町村會ノ意見ヲ徵シ府縣參事會ノ議決ヲ經內務大臣ノ許可ヲ得テ府縣知事之ヲ定ム

第百五十五條　第百四十九條第一項第百五十條第一項第百五十一條第一項第百五十三條第一項及前條第一項ノ規定ニ依ル府縣知事ノ處分ニ不服アル市町村又ハ市町村組合ハ內務大臣ニ訴願スルコトヲ得

組合費ノ分賦ニ關シ違法又ハ錯誤アリト認ムル市町村ハ其ノ告知アリタル日ヨリ三月以內ニ組合ノ管理者ニ異議ノ申立ヲ爲スコトヲ得前項ノ異議ハ之ヲ組合會ノ決定ニ付スヘシ其ノ決定ニ不服アル市町村ハ府縣參事會ニ訴願シ其ノ裁決又ハ第四項ノ裁決ニ不服アルトキハ行政裁判所ニ出訴スルコトヲ得

前項ノ決定及裁決ニ付テハ組合ノ管理者ヨリモ訴願又ハ訴訟ヲ提起スルコトヲ得

前二項ノ裁決ニ付テハ府縣知事ヨリモ訴訟ヲ提起スルコトヲ得

第百五十六條　市町村組合ニ關シテハ法律勅令中別段ノ規定アル場合ヲ除クノ外市ニ關スル規定ヲ準用ス

第九章　市ノ監督

第百五十七條　市ハ第一次ニ於テ府縣知事之ヲ監督シ第二次ニ於テ内務大臣之ヲ監督ス

第百五十八條　本法中別段ノ規定アル場合ヲ除クノ外市ノ監督ニ關スル府縣知事ノ處分ニ不服アル市ハ内務大臣ニ訴願スルコトヲ得

第百五十九條　本法中行政裁判ニ出訴スルコトヲ得ヘキ場合ニ於テハ内務大臣ニ訴願スルコトヲ得

第百六十條　異議ノ申立又ハ訴願ノ提起ハ處分決定又ハ裁決アリタル日ヨリ二十一日以内ニ之ヲ爲スヘシ但シ本法中別ニ期間ヲ定メタルモノハ此ノ限ニ在ラス
行政訴訟ノ提起ハ處分決定裁定又ハ裁決アリタル日ヨリ三十日以内ニ之ヲ爲スヘシ

異議シ申立ニ關スル期間ノ計算ニ付テハ訴願法ノ規定ニ依ル
異議ノ申立ハ期限經過後ニ於テモ宥恕スヘキ事由アリト認ムルトキハ仍之ヲ受理スルコトヲ得
異議ノ決定ハ文書ヲ以テ之ヲ爲シ其ノ理由ヲ附シ之ヲ申立人ニ交付スヘシ
異議ノ申立アルモ處分ノ執行ハ之ヲ停止セス但シ行政廳ハ其ノ職權ニ依リ又ハ關係者ノ請求ニ依リ必要ト認ムルトキハ之ヲ停止スルコトヲ得

第百六十一條　監督官廳ハ市ノ監督上必要アル場合ニ於テハ事務ノ報告ヲ爲サシメ、書類帳簿ヲ徵シ及實地ニ事務ヲ視察シ又ハ出納ヲ檢閱スルコトヲ得
監督官廳ハ市ノ監督上必要ナル命令ヲ發シ又ハ處分ヲ爲スコトヲ得
上級監督官廳ハ下級監督官廳ノ市ノ監督ニ關シテ爲シタル命令又ハ處分ヲ停止シ又ハ取消スコトヲ得

第百六十二條　內務大臣ハ市會ノ解散ヲ命スルコトヲ得
市會解散ノ場合ニ於テハ三月以內ニ議員ヲ選擧スヘシ

第百六十三條　市ニ於テ法令ニ依リ負擔シ又ハ當該官廳ノ職權ニ依リ命スル費用ヲ豫算ニ載セサルトキハ府縣知事ハ理由ヲ示シテ其ノ費用ヲ豫算ニ加フルコトヲ得

市長其ノ他ノ吏員其ノ執行スヘキ事件ヲ執行セサルトキハ府縣知事又ハ其ノ委任ヲ受ケタル官吏吏員之ヲ執行セルコトヲ得但シ其ノ費用ハ市ノ負擔トス

前二項ノ處分ニ不服アル市又ハ市長其ノ他ノ吏員ハ行政裁判所ニ出訴スルコトヲ得

第百六十四條　市長、助役、收入役又ハ副收入役ニ故障アルトキハ監督官廳ハ臨時代理者ヲ選任シ又ハ官吏ヲ派遣シ其ノ職務ヲ管掌セシムルコトヲ得但シ官吏ヲ派遣シタル場合ニ於テハ其ノ旅費ハ市費ヲ以テ辨償セシムヘシ

臨時代理者ハ有給ノ市吏員トシ其ノ給料額旅費額等ハ監督官廳之ヲ定ム

第百六十五條　左ニ掲クル事件ハ内務大臣ノ許可ヲ受クヘシ

一　市條例ヲ設ケ又ハ改廢スル事

二　學術美術又ハ歷史上貴重ナル物件ヲ處分シ又ハ大ナル變更ヲ加フル事

第百六十六條　左ニ揭クル事件ハ内務大臣及大藏大臣ノ許可ヲ受クヘシ

一　市債ヲ起シ並起債ノ方法利息ノ定率及償還ノ方法ヲ定メ又ハ之ヲ變更スル事但シ第百三十二條第三項ノ借入金ハ此ノ限ニ在ラス

二　特別稅ヲ新設シ增額シ又ハ變更スル事

三　間接國稅ノ附加稅ヲ賦課スル事

四　使用料手數料及加入金ヲ新設シ增額シ又ハ變更スル事

第百六十七條　左ニ揭クル事件ハ府縣知事ノ許可ヲ受クヘシ

一　基本財產ノ管理及處分ニ關スル事

二　特別基本財產及積立金穀等ノ管理及處分ニ關スル事

三　第百十條ノ規定ニ依リ舊慣ヲ變更又ハ廢止スル事

四　寄附又ハ補助ヲ爲ス事

五　不動產ノ管理及處分ニ關スル事

六　均一ノ税率ニ依ラスシテ國税又ハ府縣税ノ附加税ヲ賦課スル事

七　第百二十二條第一項第二項及第四項ノ規定ニ依リ數人又ハ市ノ一部ニ費用ヲ負擔セシムル事

八　第百二十四條ノ規定ニ依リ不均一ノ賦課ヲ為シ又ハ數人若ハ市ノ一部ニ對シ賦課ヲ為ス事

九　第百二十四條ノ準率ニ依ラスシテ夫役現品ヲ賦課スル事但シ急迫ノ場合ニ賦課スル夫役ニ付テハ此ノ限ニ在ラス

十　繼續費ヲ定メ又ハ變更スル事

第百六十八條　監督官廳ノ許可ヲ要スル事件ニ付テハ監督官廳ハ許可申請ノ趣旨ニ反セスト認ムル範圍內ニ於テ更正シテ許可ヲ與フルコトヲ得

第百六十九條　監督官廳ノ許可ヲ要スル事件ニ付テハ勅令ノ定ムル所ニ依リ其ノ許可ノ職權ヲ下級監督官廳ニ委任シ又ハ輕易ナル事件ニ限リ許可ヲ受ケシメサルコトヲ得

第百七十條　府縣知事ハ市長、市參與、助役、收入役、副收入役、區長、區長代理者、委員其ノ他ノ市吏員ニ對シ懲戒ヲ行フコトヲ得其ノ懲戒處分ハ譴責、二十五圓以下ノ過怠金及解職トス但シ市長、市參與、助役、收入役、副收入役及第六條又ハ第八十二條第三項ノ市ノ區長ニ對スル解職ハ懲戒審査會ノ議決ヲ經市長ニ付テハ勅裁ヲ經ルコトヲ要ス
懲戒審査會ハ內務大臣ノ命シタル府縣高等官三人及府縣名譽職參事會員ニ於テ互選シタル者三人ヲ以テ其ノ會員トシ府縣知事ヲ以テ會長トス知事故障アルトキハ其ノ代理者會長ノ職務ヲ行フ
府縣名譽職參事會員ノ互選スヘキ會員ノ選擧補闕及任期竝懲戒審査會ノ招集及會議ニ付テハ府縣制中名譽職參事會員及府縣參事會ニ關スル規定ヲ準用ス但シ補充員ハ之ヲ設クルノ限ニ在ラス
解職ノ處分ヲ受ケタル者其ノ處分ニ不服アルトキハ內務大臣ニ訴願スルコトヲ得但シ市長ニ付テハ此ノ限ニ在ラス

府縣知事ハ市長、市參與、助役、收入役、副收入役及第六條又ハ第八十二條第三項ノ市ノ區長ノ解職ヲ行ハムトスル前其ノ停職ヲ命スルコトヲ得此ノ場合ニ於テハ其ノ停職期間報酬又ハ給料ヲ支給スルコトヲ得ス

懲戒ニ依リ解職セラレタル者ハ二年間市町村ノ公職ニ選擧セラレ又ハ任命セラルルコトヲ得ス

第百七十一條　市吏員ノ服務紀律、賠償責任、身元保證及事務引繼ニ關スル規定ハ命令ヲ以テ之ヲ定ム

前項ノ命令ニハ事務引繼ヲ拒ミタル者ニ對シ二十五圓以下ノ過料ヲ科スル規定ヲ設クルコトヲ得

第十章　雜則

第百七十二條　府縣知事又ハ府縣參事會ノ職權ニ屬スル事件ニシテ數府縣ニ渉ルモノアルトキハ内務大臣ハ關係府縣知事ノ具狀ニ依リ其ノ事件ヲ管理スヘキ府縣知事又ハ府縣參事會ヲ指定スヘシ

第百七十三條　本法ニ規定スルモノノ外第六條ノ市ノ有給吏員ノ組織任用分限及其ノ區ニ關シ必要ナル事項ハ勅令ヲ以テ之ヲ定ム
第百七十四條　第十三條ノ人口ハ內務大臣ノ定ムル所ニ依ル
第百七十五條　本法ニ於ケル直接稅及間接稅ノ種類ハ內務大臣及大藏大臣之ヲ定ム
第百七十六條　市又ハ市町村組合ノ廢置分合又ハ境界變更アリタル場合ニ於テ市ノ事務ニ付必要ナル事項ハ本法ニ規定スルモノノ外勅令ヲ以テ之ヲ定ム
第百七十七條　本法ハ町村制第百五十七條ノ地域ニ之ヲ施行セス

附　則

第百七十八條　本法中公民權及選擧ニ關スル規定ハ次ノ總選擧ヨリ之ヲ施行シ其ノ他ノ規定ノ施行ノ期日ハ勅令ヲ以テ之ヲ定ム
沖繩縣ノ區ヲ廢シテ市ヲ置カムトスルトキハ第三條ノ例ニ依ル
第百七十九條　本法施行ノ際現ニ市會議員又ハ區會議員ノ職ニ在ル者ハ從前ノ規

定ニ依ル最近ノ定期改選期ニ於テ總テ其ノ職ヲ失フ
本法施行ノ際現ニ市長助役又ハ收入役ノ職ニ在ル者ハ從前ノ規定ニ依ル任期滿了ノ日ニ於テ其ノ職ヲ失フ
第百八十條　舊刑法ノ重罪ノ刑ニ處セラレタル者ハ本法ノ適用ニ付テハ六年ノ懲役又ハ禁錮以上ノ刑ニ處セラレタル者ト看做ス但シ復權ヲ得タル者ハ此ノ限ニ在ラス
舊刑法ノ禁錮以上ノ刑ハ本法ノ適用ニ付テハ禁錮以上ノ刑ト看做ス
第八十一條　本法施行ノ際必要ナル規定ハ命令ヲ以テ之ヲ定ム

町村制

（大正十年四月九日法律第五十九號改正）

第一章　總則

第一款　町村及其ノ區域

第一條　町村ハ從來ノ區域ニ依ル

第二條　町村ハ法人トス官ノ監督ヲ承ケ法令ノ範圍內ニ於テ其ノ公共事務竝從來法令又ハ慣例ニ依リ及將來法律勅令ニ依リ町村ニ屬スル事務ヲ處理ス

第三條　町村ノ廢置分合又ハ境界變更ヲ爲サムトスルトキハ府縣知事ハ關係アル市町村會ノ意見ヲ徵シ府縣參事會ノ議決ヲ經內務大臣ノ許可ヲ得テ之ヲ定ム所屬未定地ヲ町村ノ區域ニ編入セムトスルトキ亦同シ

前項ノ場合ニ於テ財產アルトキハ其ノ處分ニ關シテハ前項ノ例ニ依ル

第一項ノ場合ニ於テ市ノ廢置分合ヲ伴フトキハ市制第三條ノ規定ニ依ル

第四條　町村ノ境界ニ關スル爭論ハ府縣參事會之ヲ裁定ス其ノ裁定ニ不服アル町

村ハ行政裁判所ニ出訴スルコトヲ得
町村ノ境界判明ナラサル場合ニ於テ前項ノ爭論ナキトキハ府縣知事ハ府縣參事會ノ決定ニ付スヘシ其ノ決定ニ不服アル町村ハ行政裁判所ニ出訴スルコトヲ得
第一項ノ裁定及前項ノ決定ハ文書ヲ以テ之ヲ爲シ其ノ理由ヲ附シ之ヲ關係町村ニ交付スヘシ
第一項ノ裁定及第二項ノ決定ニ付テハ府縣知事ヨリモ訴訟ヲ提起スルコトヲ得
第五條　町村ノ名稱ヲ變更シ又ハ村ヲ町ト爲シ若ハ町ヲ村ト爲サムトスルトキハ町村ハ内務大臣ノ許可ヲ受クヘシ
町村役場ノ位置ヲ定メ又ハ之ヲ變更セムトスルトキハ町村ハ府縣知事ノ許可ヲ受クヘシ

第二款　町村住民及其ノ權利義務

第六條　町村内ニ住所ヲ有スル者ハ其ノ町村住民トス

町村住民ハ本法ニ從ヒ町村ノ財産及營造物ヲ共用スル權利ヲ有シ町村ノ負擔ヲ分任スル義務ヲ負フ

第七條　町村住民ニシテ左ノ要件ヲ具備スル者ハ町村公民トス但シ貧困ノ爲公費ノ救助ヲ受ケタル後二年ヲ經サル者、禁治産者、準禁治産者及六年ノ懲役又ハ禁錮以上ノ刑ニ處セラレタル者ハ此ノ限ニ在ラス

一　帝國臣民タル男子ニシテ年齡二十五年以上ノ者

二　獨立ノ生計ヲ營ム者

三　二年以來其ノ町村住民タル者

四　二年以來其ノ町村ノ直接町村稅ヲ納ムル者

町村ハ前項二年ノ制限ヲ特免スルコトヲ得

家督相續ニ依リ財産ヲ取得シタル者ニ付テハ其ノ財産ニ付被相續人ノ爲シタル納稅ヲ以テ其ノ者ノ爲シタル納稅ト看做ス

町村公民ノ要件中其ノ年限ニ關スルモノハ市町村ノ廢置分合又ハ境界變更ノ爲

中斷セラルルコトナシ

直接町村稅ヲ賦課セサル町村ニ於テハ町村公民ノ要件中納稅ニ關スル規定ヲ適用セス

第八條　町村公民ハ町村ノ選擧ニ參與シ町村ノ名譽職ニ選擧セラルル權利ヲ有シ町村ノ名譽職ヲ擔任スル義務ヲ負フ

左ノ各號ノ一ニ該當セサル者ニシテ名譽職ノ當選ヲ辭シ又ハ其ノ職ヲ辭シ若ハ其ノ職務ヲ實際ニ執行セサルトキハ町村ハ一年以上四年以下其ノ町村公民權ヲ停止シ場合ニ依リ其ノ停止期間以內其ノ者ノ負擔スヘキ町村稅ノ十分ノ一以上四分ノ一以下ヲ增課スルコトヲ得

一　疾病ニ罹リ公務ニ堪ヘサル者

二　業務ノ爲常ニ町村內ニ居ルコトヲ得サル者

三　年齡六十年以上ノ者

四　官公職ノ爲町村ノ公務ヲ執ルコトヲ得サル者

五　四年以上名譽職員町村吏員、町村會議員又ハ區會議員ノ職ニ任シ爾後同一ノ期間ヲ經過セサル者

六　其ノ他町村會ノ議決ニ依リ正當ノ理由アリト認ムル者

前項ノ處分ヲ受ケタル者其ノ處分ニ不服アルトキハ府縣參事會ニ訴願シ其ノ裁決ニ不服アルトキハ行政裁判所ニ出訴スルコトヲ得

第二項ノ處分ハ其ノ確定ニ至ル迄執行ヲ停止ス

第三項ノ裁決ニ付テハ府縣知事又ハ町村長ヨリモ訴訟ヲ提起スルコトヲ得

第九條　町村公民第七條第一項ニ掲ケタル要件ノ一ヲ闕キ又ハ同項但書ニ當ルニ至リタルトキハ其ノ公民權ヲ失フ

町村公民租税滯納處分中ハ其ノ公民權ヲ停止ス家資分散若ハ破産ノ宣告ヲ受ケ其ノ確定シタルトキヨリ復權ノ決定確定スルニ至ル迄又ハ六年未滿ノ懲役又ハ禁錮ノ刑ニ處セラレタルトキヨリ其ノ執行ヲ終リ若ハ其ノ執行ヲ受クルコトナキニ至ル迄亦同シ

陸海軍ノ現役ニ服スル者ハ町村ノ公務ニ參與スルコトヲ得ス其ノ他ノ兵役ニ在ル者ニシテ戰時又ハ事變ニ際シ召集セラレタルトキ亦同シ

第三款　町村條例及町村規則

第十條　町村ハ町村住民ノ權利義務又ハ町村ノ義務ニ關シ町村條例ヲ設クルコトヲ得

町村ハ町村ノ營造物ニ關シ町村條例ヲ以テ規定スルモノノ外町村規則ヲ設タルコト得

町村條例及町村規則ハ一定ノ公告式ニ依リ之ヲ告示スヘシ

第二章　町村會

第一款　組織及選擧

第十一條　町村會議員ハ其ノ被選擧權アル者ニ就キ選擧人之ヲ選擧ス

議員ノ定數左ノ如シ

一　人口千五百未滿ノ町村　　八　人

二　人口千五百以上五千未滿ノ町村　十二人
三　人口五千以上一萬未滿ノ町村　十八人
四　人口一萬以上二萬未滿ノ町村　二十四人
五　人口二萬以上ノ町村　三十人

議員ノ定數ハ町村條例ヲ以テ特ニ之ヲ增減スルコトヲ得

議員ノ定數ハ總選擧ヲ行フ場合ニ非サレハ之ヲ增減セス著シク人口ノ增減アリタル場合ニ於テ内務大臣ノ許可ヲ得タルトキハ此ノ限ニ在ヲス

第十二條　町村公民ハ總テ選擧權ヲ有ス但シ公民權停止中ノ者又ハ第九條第三項ノ場合ニ當ル者ハ此ノ限リニ在ラス

第十三條　町村ハ町村條例ヲ以テ選擧人ヲ分チテ二級ト爲スコトヲ得此ノ場合ニ於テハ市制ノ例ニ依ル

第十四條　特別ノ事情アルトキハ町村ハ郡長ノ許可ヲ得テ區劃ヲ定メテ選擧分會ヲ設クルコトヲ得

第十五條　選擧權ヲ有スル町村公民ハ被選擧權ヲ有ス
左ニ掲クル者ハ被選擧權ヲ有セス其之ヲ罷メタル後一月ヲ經過セサル者亦同シ
一　所屬府縣郡ノ官吏及有給吏員
二　其ノ町村ノ有給吏員
三　檢事警察官吏及收稅官吏
四　神官神職僧侶其ノ他諸宗教師
五　小學校教員
町村ニ對シ請負ヲ爲ス者及其ノ支配人又ハ主トシテ同一ノ行爲ヲ爲ス法人ノ無限責任社員、役員及支配人ハ被選擧權ヲ有セス
父子兄弟タル緣故アル者ハ同時ニ町村會議員ノ職ニ在ルコトヲ得ス其ノ同時ニ選擧セラレタルトキハ得票ノ數ニ依リ其ノ多キ者一人ヲ當選者トシ同數ナルトキハ年長者ヲ當選者トシ年齡同シキトキハ町村長抽籤シテ當選者ヲ定ム其ノ時ヲ異ニシテ選擧セラレタルトキハ後ニ選擧セラレタル者議員タルコトヲ得ス

議員ト爲リタル後前項ノ緣故ヲ生シタル場合ニ於テハ年少者其ノ職ヲ失フ年齡同シキトキハ町村長抽籤シテ失職者ヲ定ム

第十六條　町村會議員ハ名譽職トス

議員ノ任期ハ四年トシ總選擧ノ日ヨリ之ヲ起算ス

議員ノ定數ニ異動ヲ生シタル爲解任ヲ要スル者アルトキハ町村長抽籤シテ之ヲ定ム但シ闕員アルトキハ其ノ闕員ヲ以テ之ニ充ツヘシ

議員ノ定數ニ異動ヲ生シタル爲新ニ選擧セラレタル議員ハ總選擧ニ依リ選擧セラレタル議員ノ任期滿了ノ日迄在任ス

第十七條　町村會議員中闕員ヲ生シ其ノ闕員議員定數ノ三分ノ一以上ニ至リタルトキ又ハ郡長町村長若ハ町村會ニ於テ必要ト認ムルトキハ補闕選擧ヲ行フヘシ

議員闕員ト爲リタルトキ其ノ議員カ第二十七條第二項ノ規定ノ適用ニ依リ當選者ト爲リタル者ナル場合又ハ本條本項若ハ第三十條ノ規定ニ依ル第二十七條第

二項ノ規定ノ準用ニ依リ當選者ト爲リタル者ナル場合ニ於テハ町村長ハ直ニ第二十七條第二項ノ規定ノ適用又ハ準用ヲ受ケタル他ノ得票者ニ就キ當選者ヲ定ムヘシ此ノ場合ニ於テハ第二十七條第二項ノ規定ヲ準用ス

補闕員ハ其ノ前任者ノ殘任期間在任ス

第十八條　町村長ハ選擧期日前六十日ヲ期トシ其ノ日ノ現在ニ依リ選擧人ノ資格ヲ記載セル選擧人名簿ヲ調製スヘシ

町村長ハ選擧期日前四十日ヲ期トシ其ノ日ヨリ七日間毎日午前八時ヨリ午後四時迄町村役場又ハ告示シタル場所ニ於テ選擧人名簿ヲ關係者ノ縱覽ニ供スヘシ

關係者ニ於テ異議アルトキハ縱覽期間内ニ之ヲ町村長ニ申立ツルコトヲ得此ノ場合ニ於テハ町村長ハ縱覽期間滿了後三日以內ニ町村會ノ決定ニ付スヘシ町村會ハ其ノ送付ヲ受ケタル日ヨリ七日以内ニ之ヲ決定スヘシ

前項ノ決定ニ不服アル者ハ府縣參事會ニ訴願シ其ノ裁決又ハ第四項ノ裁決ニ不服アル者ハ行政裁判所ニ出訴スルコトヲ得

第二項ノ決定及前項ノ裁決ニ付テハ町村長ヨリモ訴願又ハ訴訟ヲ提起スルコトヲ得

前二項ノ裁決ニハ府縣知事ヨリモ訴訟ヲ提出スルコトヲ得

前四項ノ場合ニ於テ決定若ハ裁決確定シ又ハ判決アリタルニ依リ名簿ノ修正ヲ要スルトキハ町村長ハ其ノ確定期日前ニ修正ヲ加フヘシ

選擧人名簿ハ選擧期日前三日ヲ以テ確定ス

確定名簿ハ第三條ノ處分アリタル場合ニ於テ府縣知事ノ指定スルモノヲ除クノ外其ノ確定シタル日ヨリ一年以內ニ於テ行フ選擧ニ之ヲ用ウ但シ名簿確定後裁決確定シ又ハ判決アリタルニ依リ名簿ノ修正ヲ要スルトキハ選擧ヲ終リタル後ニ於テ次ノ選擧期日前四日迄ニ之ヲ修正スヘシ

選擧人名簿ヲ修正シタルトキハ町村長ハ直ニ其ノ要領ヲ告示スヘシ

選擧分會ヲ設クルトキハ町村長ハ確定名簿ニ依リ分會ノ區劃每ニ名簿ノ抄本ヲ調製スヘシ

確定名簿ニ登錄セラレサル者ハ選擧ニ參與スルコトヲ得ス但シ選擧人名簿ニ登錄セラルヘキ確定裁決書又ハ判決書ヲ所持シ選擧ノ當日選擧會場ニ到ル者ハ此ノ限ニ在ラス

確定名簿ニ登錄セラレタル者選擧權ヲ有セサルトキハ選擧ニ參與スルコトヲ得ス但シ名簿ハ之ヲ修正スル限ニ在ラス

第二項乃至第五項ノ場合ニ於テ決定若ハ裁決確定シ又ハ判決アリタルニ依リ名簿無效ト爲リタルトキハ更ニ名簿ヲ調製スヘシ其ノ名簿ノ調製、縱覽、修正、確定及異議ノ決定ニ關スル期日、期限及期間ハ郡長ノ定ムル所ニ依ル名簿ノ喪失シタルトキ亦同シ

選擧人名簿調製後ニ於テ選擧期日ヲ變更スルコトアルモ其ノ名簿ヲ用ヰ縱覽、修正、確學及異議ノ決定ニ關スル期日、期限及期間ハ前選擧期日ニ依リ之ヲ算定ス

第十九條　町村長ハ選擧期日前少クトモ七日間選擧會場、投票ノ日時及選擧スヘ

キ議員數ヲ告示スヘシ選擧分會ヲ設クル場合ニ於テハ併セテ其ノ區劃ヲ告示スヘシ

選擧分會ノ選擧ハ本會ト同日時ニ之ヲ行フヘシ

天災事變等ニ依リ選擧ヲ行フコト能ハサルニ至リタルトキハ町村長ハ其ノ選擧ヲ終ラサル選擧會又選擧分會ノミニ關シ更ニ選擧會場及投票ノ日時ヲ告示シ選擧ヲ行フヘシ

第二十條　町村長ハ選擧長ト爲リ選擧會ヲ開閉シ其ノ取締ニ任ス

選擧分會ハ町村長ノ指名シタル吏員選擧分會長ト爲リ之ヲ開閉シ其ノ取締ニ任ス

町村長ハ選擧人中ヨリ二人乃至四人ノ選擧立會人ヲ選任スヘシ但シ選擧分會ヲ設ケタルトキハ各別ニ選擧立會人ヲ設クヘシ

選擧立會人ハ名譽職トス

第二十一條　選擧人ニ非サル者ハ選擧會場ニ入ルコトヲ得ス但シ選擧會場ノ事務

ニ從事スル者、選擧會場ヲ監視スル職權ヲ有スル者又ハ警察官吏ハ此ノ限ニ在ラス

選票擧會場ニ於テ演說討論ヲ爲シ若ハ喧擾ニ渉リ又ハ投票ニ關シ協議若ハ勸誘ヲ爲シ其ノ他選擧會場ノ秩序ヲ紊ス者アルトキハ選擧長又ハ分會長ハ之ヲ制止シ命ニ從ハサルトキハ之ヲ選擧會場外ニ退出セシムヘシ

前項ノ規定ニ依リ退出セシメラレタル者ハ最後ニ至リ投票ヲ爲スコトヲ得但シ選擧長又ハ分會長會場ノ秩序ヲ紊スト虞ナシト認ムル場合ニ於テ投票ヲ爲サシムルヲ妨ケス

第二十二條　選擧ハ無記名投票ヲ以テ之ヲ行フ

投票ハ一人一票ニ限ル

選擧ノ當日投票時間内ニ自ラ選擧會場ニ到リ選擧人名簿又ハ其ノ抄本ノ對照ヲ經テ投票ヲ爲スヘシ

投票時間内ニ選擧會場ニ入リタル選擧人ハ其ノ時間ヲ過クルモ投票ヲ爲スコト

ヲ得

選舉人ハ選舉會場ニ於テ投票用紙ニ自ラ被選舉人一人ノ氏名ヲ記載シテ投函スヘシ

自ラ被選舉人ノ氏名ヲ書スルコト能ハサル者ハ投函ヲ爲スコトヲ得ス

投票用紙ハ町村長ノ定ムル所ニ依リ一定ノ式ヲ用ウヘシ

選舉分會ニ於テ爲シタル投票ハ分會長少クトモ一人ノ選舉立會人ト共ニ投票函ノ儘之ヲ本會ニ送致スヘシ

第二十三條　第三十條若ハ第三十四條ノ選舉、增員選舉又ハ補闕選舉ヲ同時ニ行フ場合ニ於テハ一ノ選舉ヲ以テ合併シテ之ヲ行フ

第二十四條　削　除

第二十五條　左ノ投票ハ之ヲ無效トス

一　成規ノ用紙ヲ用ヰサル者

二　現ニ町村會議員ノ職ニ在ル者ノ氏名ヲ記載シタルモノ

三　一投票中二人以上ノ被選擧人ノ氏名ヲ記載シタルモノ
四　被選擧人ノ何人タルカヲ確認シ難キモノ
五　被選擧權ナキ者ノ氏名ヲ記載シタルモノ
六　被選擧人ノ氏名ノ外他事ヲ記入シタルモノ但シ爵位職業身分住所又ハ敬稱ノ類ヲ記入シタルモノハ此ノ限ニ在ラス
七　被選擧人ノ氏名ヲ自書セサルモノ

第二十六條　投票ノ拒否及效力ハ選擧立會人之ヲ決定ス可否同數ナルトキハ選擧長之ヲ決スヘシ
選擧分會ニ於ケル投選ノ拒否ハ其ノ選擧立會人之ヲ決定ス可否同數ナルトキハ分會長之ヲ決スヘシ

第二十七條　町村會議員ノ選擧ハ有效投票ノ最多數ヲ得タル者ヲ以テ當選者トス
但シ選擧スヘキ議員數ヲ以テ選擧人名簿ニ登錄セラレタル人員數ヲ除シテ得ル數ノ七分ノ一以上ノ得票アルコトヲ要ス

前項ノ規定ニ依リ當選者ヲ定ムルニ當リ得票ノ數同シキトキハ年長者ヲ取リ年齡同シキトキハ選擧長抽籤シテ之ヲ定ムヘシ

第二十八條　選擧長又ハ分會長ハ選擧錄ヲ調製シテ選擧又ハ投票ノ顚末ヲ記載シ選擧又ハ投票ヲ終リタル後之ヲ朗讀シ選擧立會人二人以上ト共ニ之ニ署名スヘシ

選擧分會長ハ投票函ト同時ニ選擧錄ヲ本會ニ送致スヘシ

選擧錄ハ投票、選擧人名簿其ノ他ノ關係書類ト共ニ選擧及當選ノ效力確定スルニ至ル迄之ヲ保存スヘシ

第二十九條　當選者定マリタルトキハ町村長ハ直ニ當選者ニ當選ノ旨ヲ告知スヘシ

當選者當選ヲ辭セムトスルトキハ當選ノ告知ヲ受ケタル日ヨリ五日以內ニ之ヲ町村長ニ申立ツヘシ

第十五條第二項ニ揭ケサル官吏ニシテ當選シタル者ハ所屬長官ノ許可ヲ受クル

ニ非サレハ之ニ應スルコトヲ得ス

前項ノ官吏ハ當選ノ告知ヲ受ケタル日ヨリ二十日以内ニ之ニ應スヘキ旨ヲ町村長ニ申立テサルトキハ其ノ當選ヲ辭シタルモノト看做ス

第三十條　當選者當選ヲ辭シタルトキ、死亡者ナルトキ又ハ選擧ニ關スル犯罪ニ依リ刑ニ處セラレ其ノ當選無效ト爲リタルトキハ更ニ選擧ヲ行フヘシ但シ其當選者第二十七條第二項ノ規定ノ適用又ハ準用ニ依リ當選者ト爲リタル者ナル場合ニ於テハ第十七條第二項ノ例ニ依ル

當選者選擧ニ關スル犯罪ニ依リ刑ニ處セラレ其ノ當選無效ト爲リタルトキ其ノ前ニ其ノ者ニ關スル補闕選擧若ハ前項ノ選擧ノ告示ヲ爲シタル場合又ハ更ニ選擧ヲ行フコトナクシテ當選者ヲ定メタル場合ニ於テハ前項ノ規定ヲ適用セス

第三十一條　選擧ヲ終リタルトキハ町村長ハ直ニ選擧錄ノ謄本ヲ添ヘ之ヲ郡長ニ報告スヘシ

第二十九條第二項ノ期間ヲ經過シタルトキ又ハ同條第四項ノ申立アリタルトキ

ハ町村長ハ直ニ當選者ノ住所氏名ヲ告示シ併セテ之ヲ郡長ニ報告スヘシ

第三十二條　選擧ノ規定ニ違反スルコトアルトキハ選擧ノ結果ニ異動ヲ生スルノ虞アル場合ニ限リ其ノ選擧ノ全部又ハ一部ヲ無效トス

第三十三條　選擧人選擧又ハ當選ノ效力ニ關シ異議アルトキハ選擧ニ關シテハ選擧ノ日ヨリ當選ニ關シテハ第三十一條第二項ノ告示ノ日ヨリ七日以内ニ之ヲ町村長ニ申立ツルコトヲ得此ノ場合ニ於テハ町村長ハ七日以内ニ町村會ノ決定ニ付スヘシ町村會ハ其ノ送付ヲ受ケタル日ヨリ十四日以内ニ之ヲ決定スヘシ

前項ノ決定ニ不服アル者ハ府縣參事會ニ訴願スルコトヲ得

郡長ハ選擧又ハ當選ノ效力ニ關シ異議アルトキハ府縣知事ノ指揮ヲ受ケ選擧ニ關シテハ第三十一條第一項ノ報告ヲ受ケタル日ヨリ當選ニ關シテハ同條第二項ノ報告ヲ受ケタル日ヨリ二十日以内ニ之ヲ處分スルコトヲ得

前項ノ處分アリタルトキハ同一事件ニ付爲シタル異議ノ申立及町村會ノ決定ハ無效トス

第三項ノ處分ニ不服アル者ハ府縣參事會ニ訴願シ其ノ裁決又ハ第二項若ハ第六項ノ裁決ニ不服アル者ハ行政裁判所ニ出訴スルコトヲ得

第一項ノ決定及第二項又ハ前項ノ裁決ニ付テハ町村長ヨリモ訴願又ハ訴訟ヲ提起スルコトヲ得

第二項第五項又ハ前項ノ裁決ニ付テハ府縣知事ヨリモ訴訟ヲ提起スルコトヲ得

町村會議員ハ選擧又ハ當選ニ關スル處分、決定若ハ裁決確定シ又ハ判決アル迄ハ會議ニ列席シ議事ニ參與スルノ權ヲ失ハス

第十七條、第三十條又ハ第三十四條第三項ノ選擧ハ之ニ關係アル選擧又ハ當選ニ關スル異議申立期間、異議ノ決定若ハ訴願ノ裁決確定セサル間又ハ訴訟ノ繫屬スル間之ヲ行フコトヲ得ス

第三十四條　當選無效ト確定シタルトキハ町村長ハ直ニ第二十七條ノ例ニ依リ更ニ當選者ヲ定ムヘシ

選擧無效ト確定シタルトキハ更ニ選擧ヲ行フヘシ

議員ノ定數ニ足ル當選者ヲ得ルコト能ハサルトキハ其ノ不足ノ員數ニ付更ニ選舉ヲ行フヘシ此ノ場合ニ於テハ第二十七條第一項但書ノ規定ヲ適用セス

第三十五條　町村會議員ニシテ被選舉權ヲ有セサル者ハ其ノ職ヲ失フ其ノ被選舉權ノ有無ハ町村會議員カ左ノ各號ノ一ニ該當スルニ因リ被選舉權ヲ有セサル場合ヲ除クノ外町村會之ヲ決定ス

一　禁治產者又ハ準禁治產者ト爲リタルトキ

二　家資分散又ハ破產ノ宣告ヲ受ケ其ノ宣告確定シタルトキ

三　禁錮以上ノ刑ニ處セラレタルトキ

四　選舉ニ關スル犯罪ニ依リ罰金ノ刑ニ處セラレタルトキ

町村長ハ町村會議員中被選舉權ヲ有セサル者アリト認ムルトキハ之ヲ町村會ノ決定ニ付スヘシ

町村會ハ其ノ送附ヲ受ケタル日ヨリ十四日以內ニ之ヲ決定スヘシ

第一項ノ決定ヲ受ケタル者其ノ決定ニ不服アルトキハ府縣參事會ニ訴願シ其ノ

裁決又ハ第四項ノ裁決ニ不服アルトキハ行政裁判所ニ出訴スルコトヲ得

第一項ノ決定及前項ノ裁決ニ付テハ町村長ヨリモ訴願又ハ訴訟ヲ提起スルコトヲ得

前二項ノ裁決ニ付テハ府縣知事ヨリモ訴訟ヲ提起スルコトヲ得

第三十三條第九項ノ規定ハ第一項及前三項ノ場合ニ之ヲ準用ス

第一項ノ決定ハ文書ヲ以テ之ヲ爲シ其ノ理由ヲ附シ之ヲ本人ニ交付スヘシ

第三十六條　第十八條及第三十三條ノ場合ニ於テ府縣參事會ノ決定及裁決ハ府縣知事、郡長ノ處分ハ郡長町村會ノ決定ハ町村長直ニ之ヲ告示スヘシ

第三十七條　本法又ハ本法ニ基キテ發スル勅令ニ依リ設置スル議會ノ議員ノ選擧ニ付テハ衆議院議員選擧ニ關スル罰則ヲ準用ス

第三十八條　特別ノ事情アル町村ニ於テハ郡長ハ府縣知事ノ許可ヲ得テ其ノ町村ヲシテ町村會ヲ設ケス選擧權ヲ有スル町村公民ノ總會ヲ以テ之ニ充テシムルコトヲ得

町村總會ニ關シテハ町村會ニ關スル規定ヲ準用ス

第二款　職務權限

第三十九條　町村會ハ町村ニ關スル事件及法律勅令ニ依リ其ノ權限ニ屬スル事件ヲ議決ス

第四十條　町村會ノ議決スヘキ事件ノ概目左ノ如シ

一　町村條例及町村規則ヲ設ケ又ハ改廢スル事

二　町村費ヲ以テ支辨スヘキ事業ニ關スル事但シ第七十七條ノ事務及法律勅令ニ規定アルモノハ此ノ限ニ在ラス

三　歲入出豫算ヲ定ムル事

四　決算報告ヲ認定スル事

五　法令ニ定ムルモノヲ除クノ外使用料、手數料、加入金、町村稅又ハ夫役現品ノ賦課徵收ニ關スル事

六　不動產ノ管理處分及取得ニ關スル事

七　基本財産及積立金穀等ノ設置管理及處分ニ關スル事

八　歳入出豫算ヲ以テ定ムルモノヲ除クノ外新ニ義務ノ負擔ヲ爲シ及權利ノ拋棄ヲ爲ス事

九　財產及營造物ノ管理方法ヲ定ムル事但シ法律勅令ニ規定アルモノハ此ノ限ニ在ラス

十　町村吏員ノ身元保證ニ關スル事

十一　町村ニ係ル訴訟及和解ニ關スル事

第四十一條　町村會ハ法律勅令ニ依リ其ノ權限ニ屬スル選擧ヲ行フヘシ

第四十二條　町村會ハ町村ノ事務ニ關スル書類及計算書ヲ檢閲シ町村長ノ報告ヲ請求シテ事務ノ管理、議決ノ執行及出納ヲ檢査スルコトヲ得

町村會ハ議員中ヨリ委員ヲ選擧シ町村長又ハ其ノ指名シタル吏員立會ノ上實地ニ就キ前項町村會ノ權限ニ屬スル事件ヲ行ハシムルコトヲ得

第四十三條　町村會ハ町村ノ公益ニ關スル事件ニ付意見書ヲ町村長又ハ監督官廳

ニ提出スルコトヲ得

第四十四條　町村會ハ行政廳ノ諮問アルトキハ意見ヲ答申スヘシ

町村會ノ意見ヲ徴シテ處分ヲ爲スヘキ場合ニ於テ町村會成立セス、招集ニ應セス若ハ意見ヲ提出セス又ハ町村會ヲ招集スルコト能ハサルトキハ當該行政廳ハ其ノ意見ヲ俟タスシテ直ニ處分ヲ爲スコトヲ得

第四十五條　町村會ハ町村長ヲ以テ議長トス町村長故障アルトキハ其ノ代理者議長ノ職務ヲ代理ス町村長及其ノ代理者共ニ故障アルトキハ年長ノ議員議長ノ職務ヲ代理ス年齡同シキトキハ抽籤ヲ以テ之ヲ定ム

第四十六條　町村長及其ノ委任又ハ囑託ヲ受ケタル者ハ會議ニ列席シテ議事ニ參與スルコトヲ得但シ議決ニ加ハルコトヲ得ス

前項ノ列席者發言ヲ求ムルトキハ議長ハ直ニ之ヲ許スヘシ但シ之カ爲議員ノ演說ヲ中止セシムルコトヲ得ス

第四十七條　町村會ハ町村長之ヲ招集ス議員定數三分ノ一以上ノ請求アルトキハ

町村長ハ之ヲ招集スヘシ
町村長ハ必要アル場合ニ於テハ會期ヲ定メテ町村會ヲ招集スルコトヲ得
招集及會議ノ事件ハ開會ノ日ヨリ少クトモ三日前ニ之ヲ告知スヘシ但シ急施ヲ要スル場合ハ此ノ限ニ在ラス
町村會開會中急施ヲ要スル事件アルトキハ町村長ハ直ニ之ヲ其ノ會議ニ付スルコトヲ得三日前迄ニ告知ヲ爲シタル事件ニ付亦同シ
町村會ハ町村長之ヲ開閉ス

第四十八條　町村會ハ議員定數ノ半數以上出席スルニ非サレハ會議ヲ開クコトヲ得ス但シ第五十條ノ除斥ノ爲半數ニ滿タサルトキ、同一ノ事件ニ付招集再回ニ至ルモ仍半數ニ滿タサルトキ又ハ招集ニ應スルモ出席議員定數ヲ闕キ議長ニ於テ出席ヲ催告シ仍半數ニ滿タサルトキハ此ノ限ニ在ラス

第四十九條　町村會ノ議事ハ過半數ヲ以テ決ス可否同數ナルトキハ議長ノ決スル所ニ依ル

第五十條　議長及議員ハ自己又ハ父母、祖父母、妻、子孫、兄弟姉妹ノ一身上ニ關スル事件ニ付テハ其ノ議會ニ參與スルコトヲ得ス但シ町村會ノ同意ヲ得タルトキハ會議ニ出席シ發言スルコトヲ得

第五十一條　法律勅令ニ依リ町村會ニ於テ選擧ヲ行フトキハ一人毎ニ無記名投票ヲ爲シ有效投票ノ過半數ヲ得タル者ヲ以テ當選者トス過半數ヲ得タル者ナキトキハ最多數ヲ得タル者二人ヲ取リ之ニ就キ決選投票ヲ爲サシム其ノ二人ヲ取ルニ當リ同數者アルトキハ年長者ヲ取リ年齡同シキトキハ議長抽籤シテ之ヲ定ム此ノ決選投票ニ於テハ多數ヲ得タル者ヲ以テ當選者トス同數ナルトキハ年長者ヲ取リ年齡同シキトキハ議長抽籤シテ之ヲ定ム

前項ノ場合ニ於テハ第二十二條及第二十五條ノ規定ヲ準用シ投票ノ效力ニ異議アルトキハ町村會之ヲ決定ス

第一項ノ選擧ニ付テハ町村會ハ其ノ議會ヲ以テ指名推名推又ハ連名投票ノ法ヲ用ウルコトヲ得其ノ連名投票ノ法ヲ用ウル場合ニ於テハ前二項ノ例ニ依ル

連名投票ノ法ヲ用ウル場合ニ於テ其ノ投票ニシテ第二十五條第一號、第六號及第七號ニ該當スルモノ並其ノ記載ノ人員選擧スヘキ定數ニ過キタルモノハ之ヲ無效トシ同條第二號、第四號及第五號ニ該當スルモノハ其ノ部分ノミヲ無效トス

第五十二條　町村會ノ會議ハ公開ス但シ左ノ場合ハ此ノ限ニ在ラス

一　議長ノ意見ヲ以テ傍聽ヲ禁止シタルトキ

二　議員二人以上ノ發議ニ依リ傍聽禁止シタルトキ

前項議員ノ發議ハ討論ヲ須キス其ノ可否ヲ決スヘシ

第五十三條　議長ハ會議ヲ總理シ會議ノ順序ヲ定メ其ノ日ノ會議ヲ開閉シ議場ノ秩序ヲ保持ス

議員定數ノ半數以上ヨリ請求アルトキハ議長ハ其ノ日ノ會議ヲ開クコトヲ要ス

此ノ場合ニ於テ議長仍會議ヲ開カサルトキハ第四十五條ノ例ニ依ル

前項議員ノ請求ニ依リ會議ヲ開キタルトキ又ハ議員中異義アルトキハ議長ハ會

議ノ議決ニ依ルニ非サレハ其ノ日ノ會議ヲ閉チ又ハ中止スルコトヲ得ス

第五十四條　議員ハ選擧人ノ指示又ハ委囑ヲ受クヘカラス

議員ハ會議中無禮ノ語ヲ用ヰ又ハ他人ノ身上ニ渉リ言論スルコトヲ得ス

第五十五條　會議中本法又ハ會議規則ニ違ヒ其ノ他議場ノ秩序ヲ紊ス議員アルトキハ議長ハ之ヲ制止シ又ハ發言ヲ取消サシメ命ニ從ハサルトキハ當日ノ會議ヲ終ルマテ發言ヲ禁止シ又ハ議場外ニ退去セシメ必要アル場合ニ於テハ警察官吏ノ處分ヲ求ムルコトヲ得

議長騷擾ニシテ整理シ難キトキハ議長ハ當日ノ會議ヲ中止シ又ハ之ヲ閉ツルコトヲ得

第五十六條　傍聽人公然可否ヲ表シ又ハ喧騷ニ渉リ其ノ他會議ノ妨害ヲ爲ストキハ議長ハ之ヲ制止シ命ニ從ハサルトキハ之ヲ退場セシメ必要アル場合ニ於テハ警察官吏ノ處分ヲ求ムルコトヲ得

傍聽席騷擾ナルトキハ議長ハ總テノ傍聽人ヲ退場セシメ必要アル場合ニ於テハ

監督官廳ノ處分ヲ求ムルコトヲ得

第五十七條　町村會ニ書記ヲ置キ議長ニ隷屬シテ庶務ヲ處理セシム

書記ハ議長之ヲ任免ス

第五十八條　議長ハ書記ヲシテ會議錄ヲ調製シ會議ノ顚末及出席議員ノ氏名ヲ記載セシムヘシ

會議錄ハ議長及議員二人以上之ニ署名スルコトヲ要ス其ノ議員ハ村町會ニ於テ之ヲ定ム

第五十九條　町村會ハ會議規則及傍聽人取締規則ヲ設クヘシ

會議規則ニハ本法及會議規則ニ違反シタル議員ニ對シ町村會ノ議決ニ依リ三日以内出席ヲ停止又ハ二圓以下ノ過怠金ヲ科スル規定ヲ設クルコトヲ得

第三章　町村吏員

第一款　組織選擧任免

第六十條　町村ニ町村長及助役一人ヲ置ク但シ町村條例ヲ以テ助役ノ定數ヲ增加

スルコトヲ得

第六十一條　町村長及助役ハ名譽職トス

町村ハ町村條例ヲ以テ町村長又ハ助役ヲ有給ト爲スコトヲ得

第六十二條　町村長及助役ノ任期ハ四年トス

第六十三條　町村長ハ町村會ニ於テ之ヲ選擧ス

助役ハ町村長ノ推薦ニ依リ町村會之ヲ定ム町村長職ニ在ラサルトキハ前項ノ例ニ依ル

名譽職町村長及名譽職助役ハ其ノ町村公民中選擧權ヲ有スル者ニ限ル

有給町村長及有給助役ハ第七條第一項ノ規定ニ拘ラス在職ノ間其ノ町村ノ公民トス

第六十四條　町村長ヲ選擧シ又ハ助役ヲ定メ若ハ選擧シタルトキハ府縣知事ノ認可ヲ受クヘシ

前項ノ場合ニ於テ府縣知事ノ不認可ニ對シ町村長又ハ町村會ニ於テ不服アルト

キハ内務大臣ニ具狀シテ認可ヲ請フコトヲ得

有給町村長及有給助役ハ三月前ニ申立ツルトキハ任意退職スルコトヲ得

第六十五條　町村長及助役ハ第十五條第二項ニ掲ケタル職ト兼ヌルコトヲ得ス又其ノ町村ニ對シ請負ヲ爲シ及同一ノ行爲ヲ爲ス者ノ支配人又ハ主トシテ同一ノ行爲ヲ爲ス法人ノ無限責任社員、取締役監査役若ハ之ニ準スヘキ者ノ清算人若ハ支配人タルコトヲ得ス

町村長ト父子兄弟タル緣故アル者ハ助役ノ職ニ在ルコトヲ得ス

父子兄弟タル緣故アル者ハ同時ニ助役ノ職ニ在ルコトヲ得ス第十五條第六項ノ規定ハ此場合ニ之ヲ準用ス

第六十六條　有給町村長及有給助役ハ郡長ノ許可ヲ受クルニ非サレハ他ノ報償アル業務ニ從事スルコトヲ得ス

有給町村長及有給助役ハ會社ノ取締役監査役若ハ之ニ準スヘキ者、淸算人又ハ支配人其ノ他ノ事務員タルコトヲ得ス

第六十七條　町村ニ收入役一人ヲ置ク但シ特別ノ事情アル町村ニ於テハ町村條例ヲ以テ副收入役一人ヲ置クコトヲ得
收入役及副收入役ハ有給吏員トシ其ノ任期ハ四年トス
收入役及副收入役ハ町村長ノ推薦ニ依リ町村會之ヲ定メ郡長ノ認可ヲ受クヘシ
前項ノ場合ニ於テ郡長ノ不認可ニ對シ町村長又ハ町村會ニ於テ不服アルトキハ府縣知事ニ具狀シテ認可ヲ請フコトヲ得
第六十三條第四項ノ規定ハ收入役ニ第六十五條第一項及前條ノ規定ハ收入役及副收入役ニ之ヲ準用ス
町村長又ハ助役ト父子兄弟タル緣故アル者ハ收入役又ハ副收入役ノ職ニ在ルコトヲ得ス收入役ト父子兄弟タル緣故アル者ハ副收入役ノ職ニ在ルコトヲ得ス
特別ノ事情アル町村ニ於テハ郡長ノ許可ヲ得テ町村長又ハ助役ヲシテ收入役ノ事務ヲ兼掌セシムルコトヲ得

第六十八條　町村ハ處務便宜ノ爲區ヲ劃シ區長及其ノ代理者一人ヲ置クコトヲ得

區長及其ノ代理者ハ名譽職トス町村會ニ於テ町村公民中選擧權ヲ有スル者ヨリ之ヲ選擧ス

第六十九條　町村ハ臨時又ハ常設ノ委員ヲ置クコトヲ得

委員ハ名譽職トス町村會ニ於テ町村會議員又ハ町村公民中選擧權ヲ有スル者ヨリ之ヲ選擧ス但シ委員長ハ町村長又ハ其ノ委任ヲ受ケタル助役ヲ以テ之ニ充ツ

常設委員ノ組織ニ關シテハ町村條例ヲ以テ別段ノ規定ヲ設クルコトヲ得

第七十條　名譽職町村長及名譽職助役其ノ他町村公民ニ限リテ擔任スヘキ職務ニ在ル吏員ニシテ町村公民權ヲ喪失シ若ハ停止セラレタルトキ又ハ第九條第三項ノ場合ニ當ルトキハ其ノ職ヲ失フ職ニ就キタルカ爲町村公民タル者ニシテ禁治產若ハ準禁治產ノ宣告ヲ受ケタルトキ又ハ第九條第二項若ハ第三項ノ場合ニ當

ルトキ亦同シ

前項ノ職務ニ在ル者ニシテ禁錮以上ノ刑ニ當ルヘキ罪ノ爲豫審又ハ公判ニ付セラレタルトキハ監督官廳ハ其ノ職務ノ執行ヲ停止スルコトヲ得此ノ場合ニ於テハ其ノ停止期間報酬又ハ給料ヲ支給スルコトヲ得ス

第七十一條　前數條ニ定ムル者ノ外町村ニ必要ノ有給吏員ヲ置キ町村長之ヲ任命ス

前項吏員ノ定數ハ町村會ノ議決ヲ經テ之ヲ定ム

第二款　職務權限

第七十二條　町村長ハ町村ヲ統轄シ町村ヲ代表ス

町村長ノ擔任スル事務ノ概目左ノ如シ

一　町村會ノ議決ヲ經ヘキ事件ニ付其ノ議案ヲ發シ及其ノ議決ヲ執行スル事

二　財産及營造物ヲ管理スル事但シ特ニ之カ管理者ヲ置キタルトキハ其ノ事務ヲ監督スル事

三　收入支出ヲ命令シ及會計ヲ監督スル事
四　證書及公文書類ヲ保管スル事
五　法令又ハ町村會ノ議決ニ依リ使用料、手數料、加入金、町村税又ハ夫役現品ヲ賦課徴收スル事
六　其ノ他法令ニ依リ町村長ノ職權ニ屬スル事項
第七十三條　町村長ハ町村吏員ヲ指揮監督シ之ニ對シ懲戒ヲ行フコトヲ得其ノ懲戒處分ハ譴責及五圓以下ノ過怠金トス
第七十四條　町村會ノ議決又ハ選擧其ノ權限ヲ越エ又ハ法令若ハ會議規則ニ背クト認ムルトキハ町村長ハ其ノ意見ニ依リ又ハ監督官廳ノ指揮ニ依リ理由ヲ示シテ之ヲ再議ニ付シ又ハ再選擧ヲ行ハシムヘシ其ノ執行ヲ要スルモノニ在リテハ之ヲ停止スヘシ
前項ノ場合ニ於テ町村會其ノ議決ヲ改メサルトキハ町村長ハ府縣參事會ノ裁決ヲ請フヘシ但シ特別ノ事由アルトキハ再議ニ付セスシテ直ニ裁決ヲ請フコトヲ

得
監督官廳ハ第一項ノ議決又ハ選擧ヲ取消スコトヲ得但シ裁決ノ申請アリタルトキハ此ノ限ニ在ラス
前項ノ規定ニ依ル郡長ノ處分ニ不服アル町村長又ハ町村會ハ府縣參事會ニ訴願スルコトヲ得其ノ裁決、第二項ノ裁決又ハ前項ノ規定ニ依ル府縣知事ノ處分ニ不服アル町村長又ハ町村會ハ行政裁判所ニ出訴スルコトヲ得
町村會ノ議決公益ヲ害シ又ハ町村ノ收支ニ關シ不適當ナリト認ムルトキハ町村長ハ其ノ意見ニ依リ又ハ監督官廳ノ指揮ニ依リ理由ヲ示シテ之ヲ再議ニ付スヘシ其ノ執行ヲ要スルモノアリテハ之ヲ停止スヘシ
前項ノ場合ニ於テ町村會其ノ議決ヲ改メサルトキハ町村長ハ郡長ノ處分ヲ請フヘシ
前項ノ處分ニ不服アル町村長又ハ町村會ハ府縣參事會ニ訴願シ其ノ裁決ニ不服アルトキハ内務大臣ニ訴願スルコトヲ得

前項府縣參事會ノ裁決ニ付テハ府縣知事ヨリモ訴願ヲ提起スルコトヲ得

第二項及第四項ノ裁決ニ付テハ府縣知事ヨリモ訴訟ヲ提起スルコトヲ得

第七十五條　町村會成立セサルトキ又ハ第四十八條但書ノ場合ニ於テ仍會議ヲ開クコト能ハサルトキハ町村長ハ郡長ニ具狀シテ指揮ヲ請ヒ町村會ノ議決スヘキ事件ヲ處置スルコトヲ得

町村會ニ於テ其ノ議決スヘキ事件ヲ議決セサルトキハ前項ノ例ニ依ル

町村會ノ決定スヘキ事件ニ關シテハ前二項ノ例ニ依ル此ノ場合ニ於ケル町村長ノ處置ニ關シテハ各本條ノ規定ニ準シ訴願又ハ訴訟ヲ提起スルコトヲ得

前三項ノ規定ニ依ル處置ニ付テハ次回ノ會議ニ於テ之ヲ町村會ニ報告スヘシ

第七十六條　町村會ニ於テ議決又ハ決定スヘキ事件ニ關シ臨時急施ヲ要スル場合ニ於テ町村會成立セサルトキ又ハ町村長ニ於テ之ヲ招集スルノ暇ナシト認ムルトキハ町村長ハ之ヲ專決シ次回ノ會議ニ於テ之ヲ町村會ニ報告スヘシ

前項ノ規定ニ依リ町村長ノ爲シタル處分ニ關シテハ各本條ノ規定ニ準シ訴願又

ハ訴訟ヲ提起スルコトヲ得

第七十七條　町村長其ノ他町村吏員ハ法令ノ定ムル所ニ依リ國府縣其ノ他公共團體ノ事務ヲ掌ル

前項ノ事務ヲ執行スル爲要スル費用ハ町村ノ負擔トス但シ法令中別段ノ規定アルモノハ此ノ限ニ在ラス

第七十八條　町村長ハ郡長ノ許可ヲ得テ其ノ事務ノ一部ヲ助役又ハ區長ニ分掌セシムルコトヲ得但シ町村ノ事務ニ付テハ豫メ町村會ノ同意ヲ得ルコトヲ要ス

町村長ハ町村吏員ヲシテ其ノ事務ノ一部ヲ臨時代理セシムルコトヲ得

第七十九條　助役ハ町村長ノ事務ヲ補助ス

助役ハ町村長故障アルトキ之ヲ代理ス助役數人アルトキハ豫メ町村長ノ定メタル順序ニ依リ之ヲ代理ス

第八十條　收入役ハ町村ノ出納其ノ他ノ會計事務及第七十七條ノ事務ニ關スル國府縣其ノ他公共團體ノ出納其ノ他ノ事計事務ヲ掌ル但シ法令中別段ノ規定アル

モノハ此ノ限ニ在ラス

町村ハ收入役故障アルトキ之ヲ代理スヘキ吏員ヲ定メ郡長ノ認可ヲ受クヘシ但シ副收入役ヲ置キタル町村ハ此ノ限ニ在ラス

副收入役ハ收入役ノ事務ヲ補助シ收入役故障アルトキ之ヲ代理ス

町村長ハ郡長ノ許可ヲ得テ收入役ノ事務ノ一部ヲ副收入役ニ分掌セシムルコトヲ得但シ町村ノ出納其ノ他ノ會計事務ニ付テハ豫メ町村會ノ同意ヲ得ルコトヲス

第八十一條　區長ハ町村長ノ命ヲ承ケ町村長ノ事務ニシテ區內ニ關スルモノヲ補助ス

區長代理者ハ區長ノ事務ヲ補助シ區長故障アルトキ之ヲ代理ス

第八十二條　委員ハ町村長ノ指揮監督ヲ承ケ財產又ハ營造物ヲ管理シ其ノ他委託ヲ受ケタル町村ノ事務ヲ調査シ又ハ之ヲ處辨ス

第八十三條　第七十一條ノ吏員ハ町村長ノ命ヲ承ケ事務ニ從事ス

第四章　給料及給與

第八十四條　名譽職町村長、名譽職助役、町村會議員其ノ他ノ名譽職員ハ職務ノ爲要スル費用ノ辨償ヲ受クルコトヲ得

名譽職町村長、名譽職助役、區長、區長代理者及委員ニハ費用辨償ノ外勤務ニ相當スル報酬ヲ給スルコトヲ得

費用辨償額、報酬額及其ノ支給方法ハ町村會ノ議決ヲ經テ之ヲ定ム

第八十五條　有給町村長、有給助役其ノ他ノ有給吏員ノ給料額、旅費額及其ノ支給方法ハ町村長ノ議決ヲ經テ之ヲ定ム

第八十六條　有給吏員ニハ町村條例ノ定ムル所ニ依リ退隱料、退職給與金、死亡給與金又ハ遺族扶助料ヲ給スルコトヲ得

第八十七條　費用辨償、報酬、給料、旅費、退隱料、退職給與金、死亡給與金又ハ遺族扶助料ノ給與ニ付關係者ニ於テ異議アルトキハ之ヲ町村長ニ申立ツルコトヲ得

前項ノ異議ハ之ヲ町村長ノ決定ニ付スヘシ關係者其ノ決定ニ不服アルトキハ府縣參事會ニ訴願シ其ノ裁決又ハ第三項ノ裁決ニ不服アルトキハ行政裁判所ニ出訴スルコトヲ得

前項ノ決定及裁決ニ付テハ町村長ヨリモ訴願又ハ訴訟ヲ提起スルコトヲ得

前二項ノ裁決ニ付テハ府縣知事ヨリモ訴訟ヲ提起スルコトヲ得

第八十八條　費用償訴、報酬、給料、旅費、退隱料、退職給與金、死亡給與金、遺族扶助料其ノ他ノ給與ハ町村ノ負擔トス

第五章　町村ノ財務

第一款　財產營造物及町村稅

第八十九條　收益ノ爲ニスル町村ノ財產ハ基本財產トシテ之ヲ維持スヘシ

町村ハ特定ノ目的ノ爲特別ノ基本財產ヲ設ケ又ハ金穀等ヲ積立ツルコトヲ得

第九十條　舊來ノ慣行ニ依リ町村住民中特ニ財產又ハ造營物ヲ使用スル權利ヲ有スル者アルトキハ其ノ舊慣ニ依ル舊慣ヲ變更又ハ廢止セムトスルトキハ町村會

ノ議決ヲ經ヘシ
前項ノ財產又ハ營造物ヲ新ニ使用セムトスル者アルトキハ町村ハ之ヲ許可スルコトヲ得
第九十一條　町村ハ前條ニ規定スル財產ノ使用方法ニ關シ町村規則ヲ設クルコトヲ得
第九十二條　町村ハ第九十條第一項ノ使用者ヨリ使用料ヲ徵收シ同條第二項ノ使用ニ關シテハ使用料若ハ一時ノ加入金ヲ徵收シ又ハ使用料及加入金ヲ共ニ徵收スルコトヲ得
第九十三條　町村ハ營造物ノ使用ニ付使用料ヲ徵收スルコトヲ得
町村ハ特ニ一個人ノ爲ニスル事務ニ付手數料ヲ徵收スルコトヲ得
第九十四條　財產ノ賣却貸與、工事ノ請負及物件勞力其ノ他ノ供給ハ競爭入札ニ付スヘシ但シ臨時急施ヲ要スルトキ、入札ノ價額其ノ費用ニ比シテ得失相償ハサルトキ又ハ町村會ノ同意ヲ得タルトキハ此ノ限ニ在ラス

第九十五條　町村ハ其公益上必要アル場合ニ於テハ寄附又ハ補助ヲ爲スコトヲ得

第九十六條　町村ハ其ノ必要ナル費用及從來法令ニ依リ又ハ將來法律勅令ニ依リ町村ノ負擔ニ屬スル費用ヲ支辨スル義務ヲ負フ

町村ハ其ノ財產ヨリ生スル收入、使用料、手數料、過料、過怠金其ノ他法令ニ依リ町村ニ屬スル收入ヲ以テ前項ノ支出ニ充テ仍不足アルトキハ町村稅及夫役現品ヲ賦課徵收スルコトヲ得

第九十七條　町村稅トシテ賦課スルコトヲ得ヘキモノ左ノ如シ

一　國稅府縣稅ノ附加稅

二　特別稅

直接國稅又ハ直接府縣稅ノ附加稅ハ均一ノ稅率ヲ以テ之ヲ徵收スヘシ但シ第百四十七條ノ規定ニ依リ許可ヲ受ケタル場合ハ此ノ限ニ在ラス

國稅ノ附加稅タル府縣稅ニ對シテハ附加稅ヲ賦課スルコトヲ得ス

特別稅ハ別ニ稅目ヲ起シテ課稅スルノ必要アルトキ賦課徵收スルモノトス

第九十八條　三月以上町村內ニ滯在スル者ハ其ノ滯在ノ初ニ遡リ町村稅ヲ納ムル義務ヲ負フ

第九十九條　町村內ニ住所ヲ有セス又ハ三月以上滯在スルコトナシト雖町村內ニ於テ土地家屋物件ヲ所有シ使用シ若ハ占有シ、町村內ニ營業所ヲ設ケテ營業ヲ爲シ又ハ町村內ニ於テ特定ノ行爲ヲ爲ス者ハ其ノ土地家屋物件營業若ハ其ノ收入ニ對シ又ハ其ノ行爲ニ對シテ賦課スル町村稅ヲ納ムル義務ヲ負フ

第百條　納稅者ノ町村外ニ於テ所有シ使用シ占有スル土地家屋物件若ハ其ノ收入又ハ町村外ニ於テ營業所ヲ設ケタル營業若ハ其ノ收入ニ對シテハ町村稅ヲ賦課スルコトヲ得ス

町村ノ內外ニ於テ營業所ヲ設ケ營業ヲ爲ス者ニシテ其ノ營業又ハ收入ニ對スル本稅ヲ分別シテ納メサルモノニ對シ附加稅ヲ賦課スル場合及住所滯在町村ノ內外ニ涉ル者ノ收入ニシテ土地家屋物件又ハ營業所ヲ設ケタル營業ヨリ生スル收入ニ非サルモノニ對シ町村稅ヲ賦課スル場合ニ付テハ勅令ヲ以テ之ヲ定ム

第百一條　所得稅法第十八條ニ揭クル所得ニ對シテハ町村稅ヲ賦課スルコトヲ得ス

神社寺院祠宇佛堂ノ用ニ供スル建物及其ノ境內地竝教會所說教所ノ用ニ供スル建物及其ノ構內地ニ對シテハ町村稅ヲ賦課スルコトヲ得ス但シ有料ニテ之ヲ使用セシムル者及住宅ヲ以テ教會所說教所ノ用ニ充ツル者ニ對シテハ此ノ限ニ在ラス

國府郡市町村其ノ他公共團體ニ於テ公用ニ供スル家屋物件及營造物ニ對シテハ町村稅ヲ賦課スルコトヲ得ス但シ有料ニテ之ヲ使用セシムル者及使用收益者ニ對シテハ此ノ限ニ在ラス

國ノ事業又ハ行爲及國有ノ土地家屋物件ニ對シテハ國ニ町村稅ヲ賦課スルコトヲ得ス

前四項ノ外町村稅ヲ賦課スルコトヲ得サルモノハ別ニ法律勅令ノ定ムル所ニ依ル

第百二條　數人ヲ利スル營造物ノ設置維持其ノ他ノ必要ナル費用ハ其ノ關係者ニ負擔セシムルコトヲ得
町村ノ一部ヲ利スル營造物ノ設置維持其ノ他ノ必要ナル費用ハ其ノ部内ニ於テ町村税ヲ納ムル義務アル者ニ負擔セシムルコトヲ得
前二項ノ場合ニ於テ營造物ヨリ生スル收入アルトキハ先ツ其ノ收入ヲ以テ其ノ費用ニ充ツヘシ前項ノ場合ニ於テ其ノ一部ノ收入アルトキ亦同シ
數人又ハ町村ノ一部ヲ利スル財產ニ付テハ前三項ノ例ニ依ル
第百三條　町村税及其ノ賦課徵收ニ關シテハ本法其ノ他ノ法律ニ規定アルモノノ外勅令ヲ以テ之ヲ定ムルコトヲ得
第百四條　數人又ハ町村ノ一部ニ對シ特ニ利益アル事件ニ關シテハ町村ハ不均一ノ賦課ヲ爲シ又ハ數人若ハ町村ノ一部ニ對シ賦課ヲ爲スコトヲ得
第百五條　夫役又ハ現品ハ直接町村税ヲ準率ト爲シ直接町村税ヲ賦課セサル町村ニ於テハ直接國税ヲ準率ト爲シ且之ヲ金額ニ算出シテ賦課スヘシ但シ第百四十

七條ノ規定ニ依リ許可ヲ受ケタル場合ハ此ノ限ニ在ラス
學藝美術及手工ニ關スル勞役ニ付テハ夫役ヲ賦課スルコトヲ得ス
夫役ヲ賦課セラレタル者ハ本人自ラ之ニ當リ又ハ適當ノ代人ヲ出スコトヲ得
夫役又ハ現品ハ金錢ヲ以テ之ニ代フルコトヲ得
第一項及前項ノ規定ハ急迫ノ場合ニ賦課スル夫役ニ付テハ之ヲ適用セス

第百六條　非常災害ノ爲必要アルトキハ町村ハ他人ノ土地ヲ一時使用シ又ハ其ノ土石竹木其ノ他ノ物品ヲ使用シ若ハ收用スルコトヲ得但シ其ノ損失ヲ補償スヘシ
前項ノ場合ニ於テ危險防止ノ爲必要アルトキハ町村長、警察官吏又ハ監督官廳ハ町村内ノ居住者ヲシテ防禦ニ從事セシムルコトヲ得
第一項但書ノ規定ニ依リ補償スヘキ金額ハ協議ニ依リ之ヲ定ム協議調ハサルトキハ鑑定人ノ意見ヲ徵シ府縣知事之ヲ決定ス決定ヲ受ケタル者其ノ決定ニ不服

アルトキハ内務大臣ニ訴願スルコトヲ得

前項ノ決定ハ文書ヲ以テ之ヲ爲シ其ノ理由ヲ附シ之ヲ本人ニ交付スヘシ

第一項ノ規定ニ依リ土地ノ一時使用ノ處分ヲ受ケタル者其ノ處分ニ不服アルトキハ郡長ニ訴願シ其ノ裁決ニ不服アルトキハ府縣知事ニ訴願シ其ノ裁決ニ不服アルトキハ内務大臣ニ訴願スルコトヲ得

第百七條　町村税ノ賦課ニ關シ必要アル場合ニ於テハ當該吏員ハ日出ヨリ日沒迄ノ間營業者ニ關シテハ仍其ノ營業時間内家宅若ハ營業所ニ臨檢シ又ハ帳簿物件ノ檢査ヲ爲スコトヲ得

前項ノ場合ニ於テハ當該吏員ハ其ノ身分ヲ證明スヘキ證票ヲ携帶スヘシ

第百八條　町村長ハ納稅者中特別ノ事情アル者ニ對シ納稅延期ヲ許スコトヲ得其ノ年度ヲ越ユル場合ハ町村會ノ議決ヲ經ヘシ

町村ハ特別ノ事情アル者ニ限リ町村税ヲ減免スルコトヲ得

第百九條　使用料手數料及特別稅ニ關スル事項ニ付テハ町村條例ヲ以テ之ヲ規定

スヘシ其ノ條例中ニハ五圓以下ノ過料ヲ科スル規定ヲ設クルコトヲ得
財產又ハ營造物ノ使用ニ關シテハ町村條例ヲ以テ五圓以下ノ過料ヲ科スル規定ヲ設クルコトヲ得
過料ノ處分ヲ受ケタル者其ノ處分ニ不服アルトキハ府縣參事會ニ訴願シ其ノ裁決ニ不服アルトキハ行政裁判所ニ出訴スルコトヲ得
前町ノ裁決ニ付テハ府縣知事又ハ町村長ヨリモ訴訟ヲ提起スルコトヲ得

第百十條　町村税ノ賦課ヲ受ケタル者其ノ賦課ニ付違法又ハ錯誤アリト認ムルトキハ徵税令書ノ交付ヲ受ケタル日ヨリ三月以內ニ町村長ニ異議ノ申立ヲ爲スコトヲ得
財產又ハ營造物ヲ使用スル權利ニ關シ異議アル者ハ之ヲ町村長ニ申立ツルコトヲ得
前二項ノ異議ハ之ヲ町村會ノ決定ニ付スヘシ決定ヲ受ケタル者其ノ決定ニ不服アルトキハ府縣參事會ニ訴願シ其ノ裁決又ハ第五項ノ裁決ニ不服アルトキハ行

政判裁所ニ出訴スルコトヲ得

第一項及前項ノ規定ハ使用料手數料及加入金ノ徵收並夫役現品ノ賦課ニ關シ之ヲ準用ス

前二項ノ規定ニ依ル決定及裁決ニ付テハ町村長ヨリモ訴願又ハ訴訟ヲ提起スルコトヲ得

前三項ノ規定ニ依ル裁決ニ付テハ府縣知事ヨリモ訴訟ヲ提起スルコトヲ得

第百十一條　町村稅、使用料、手數料、加入金、過料、過怠金其ノ他ノ町村ノ收入ヲ定期內ニ納メサル者アルトキハ町村長ハ期限ヲ指定シテ之ヲ督促スヘシ

夫役現品ノ賦課ヲ受ケタル者定期內ニ其ノ履行ヲ爲サス又ハ夫役現品ニ代フル金錢ヲ納メサルトキハ町村長ハ期限ヲ指定シテ之ヲ督促スヘシ急迫ノ場合ニ賦課シタル夫役ニ付テハ更ニ之ヲ金額ニ算出シ期限ヲ指定シテ其ノ納付ヲ命スヘシ

前二項ノ場合ニ於テハ町村條例ノ定ムル所ニ依リ手數料ヲ徵收スルコトヲ得

滯納者第一項又ハ第二項ノ督促又ハ命令ヲ受ケ其ノ指定ノ期限內ニ之ヲ完納セサルトキハ國稅滯納處分ノ例ニ依リ之ヲ處分スヘシ
第一項乃至第三項ノ徵收金ハ府縣ノ徵收金ニ次テ先取特權ヲ有シ其ノ追徵還付及時效ニ付テハ國稅ノ例ニ依ル
前三項ノ處分ヲ受ケタル者其ノ處分ニ不服アルトキハ府縣參事會ニ訴願シ其ノ裁決ニ不服アルトキハ行政裁判所ニ出訴スルコトヲ得
前項ノ裁決ニ付テハ府縣知事又ハ町村長ヨリモ訴訟ヲ提起スルコトヲ得
第四項ノ處分中差押物件ノ公賣ハ處分ノ確定ニ至ル迄執行ヲ停止ス
第百十二條　町村ハ其ノ負債ヲ償還スル爲、町村ノ永久ノ利益ト爲ルヘキ支出ヲ爲ス爲又ハ天災事變等ノ爲必要アル場合ニ限リ町村債ヲ起スコトヲ得
町村債ヲ起スニ付町村會ノ議決ヲ經ルトキハ併セテ起債ノ方法、利息ノ定率及償還ノ方法ニ付議決ヲ經ヘシ
町村ハ豫算內ノ支出ヲ爲ス爲一時ノ借入金ヲ爲スコトヲ得

前項ノ借入金ハ其ノ會計年度内ノ收入ヲ以テ償還スヘシ

第二欵　歳入出豫算及決算

第百十三條　町村長ハ毎會計年度歳入出豫算ヲ調製シ遲クトモ年度開始ノ一月前ニ町村會ノ議決ヲ經ヘシ

町村ノ會計年度ハ政府ノ會計年度ニ依ル

豫算ヲ町村會ニ提出スルトキハ町村長ハ併セテ事務報告書及財産表ヲ提出スヘシ

第百十四條　町村長ハ町村會ノ議決ヲ經テ既定豫算ノ追加又ハ更正ヲ爲スコトヲ得

第百十五條　町村費ヲ以テ支辨スル事件ニシテ數年ヲ期シテ其ノ費用支出スヘキモノハ町村會ノ議決ヲ經テ其ノ年期間各年度ノ支出額ヲ定メ繼續費ト爲スコトヲ得

第百十六條　町村ハ豫算外ノ支出又ハ豫算超過ノ支出ニ充ツル爲豫備費ヲ設クヘ

シ
特別會計ニハ豫備費ヲ設ケサルコトヲ得
豫備費ハ町村會ノ否決シタル費途ニ充ツルコトヲ得ス
第百十七條　豫算ハ議決ヲ經タル後直ニ之ヲ郡長ニ報告シ且其ノ要領ヲ告示スヘシ
第百十八條　町付ハ特別會計ヲ設クルコトヲ得
第百十九條　町村會ニ於テ豫算ヲ議決シタルトキハ町村長ヨリ其ノ謄本ヲ收入役ニ交付スヘシ
收入役ハ町村長又ハ監督官廳ノ命令アルニ非サレハ支拂ヲ爲スコトヲ得ス命令ヲ受クルモ支出ノ豫算ナク且豫備費支出、費目流用其ノ他財務ニ關スル規定ニ依リ支出ヲ爲スコトヲ得サルトキ亦同シ
前項ノ規定ハ收入役ノ事務ヲ兼掌シタル町村長又ハ助役ニ之ヲ準用ス
第百二十條　町村ノ支拂金ニ關スル時效ニ付テハ政府ノ支拂金ノ例ニ依ル

第百二十一條　町村ノ出納ハ毎月例日ヲ定メテ之ヲ檢査シ且毎會計年度少クトモ二回臨時檢査ヲ爲スヘシ
檢査ハ町村長之ヲ爲シ臨時檢査ニハ町村會ニ於テ選擧シタル議員二人以上ノ立會ヲ要ス

第百二十二條　町村ノ出納ハ翌年度六月三十日ヲ以テ閉鎖ス
決算ハ出納閉鎖後一月以内ニ證書類ヲ併セテ收入役ヨリ之ヲ町村長ニ提出スヘシ町村長ハ之ヲ審査シ意見ヲ付シテ次ノ通常豫算ヲ議スル會議迄ニ之ヲ町村會ノ認定ニ付スヘシ
第六十七條第八項ノ場合ニ於テハ前項ノ例ニ依ル但シ町村長ニ於テ兼掌シタルトキハ直ニ町村會ノ認定ニ付スヘシ
決算ハ其ノ認定ニ關スル町村會ノ議決ト共ニ之ヲ郡長ニ報告シ且其ノ要領ヲ告示スヘシ
決算ノ認定ニ關スル會議ニ於テハ町村長及助役共ニ議長ノ職務ヲ行フコトヲ得

ス

第百二十三條　豫算調製ノ式、費目流用其ノ他財務ニ關シ必要ナル規定ハ内務大臣之ヲ定ム

第六章　町村ノ一部ノ事務

第百二十四條　町村ノ一部ニシテ財産ヲ有シ又ハ營造物ヲ設ケタルモノアルトキハ其ノ財産又ハ營造物ノ管理及處分ニ付テハ本法中町村ノ財産又ハ營造物ニ關スル規定ニ依ル但シ法律勅令中別段ノ規定アル場合ハ此ノ限ニ在ラス

前項ノ財産又ハ營造物ニ關シ特ニ要スル費用ハ其ノ財産又ハ營造物ノ屬スル町村ノ一部ノ負擔トス

前二項ノ場合ニ於テハ町村ノ一部ハ其ノ會計ヲ分別スヘシ

第百二十五條　前條ノ財産又ハ營造物ニ關シ必要アリト認ムルトキハ郡長ハ町村會ノ意見ヲ徴シテ町村條例ヲ設定シ區會又ハ區總會ヲ設ケテ町村會ノ議決スヘキ事項ヲ議決セシムルコトヲ得

第百二十六條　區會議員ハ町村ノ名譽職トス其ノ定數、任期、選擧權及被選擧權ニ關スル事項ハ前條ノ町村條例中ニ之ヲ規定スヘシ區總會ノ組織ニ關スル事項ニ付亦同シ

區會議員ノ選擧ニ付テハ町村會議員ニ關スル規定ヲ準用ス但シ選擧人名簿又ハ選擧若ハ當選ノ效力ニ關スル異議ノ決定及被選擧權ノ有無ノ決定ハ町村會ニ於テ之ヲ爲スヘシ

區會又ハ區總會ニ關シテハ町村會ニ關スル規定ヲ準用ス

第百二十七條　第百二十四條ノ場合ニ於テ町村ノ一部郡長ノ處分ニ不服アルトキハ府縣知事ニ訴願スルコトヲ得

第百二十八條　第百二十四條ノ町村ノ一部ノ事務ニ關シテハ本法ニ規定スルモノノ外勅令ヲ以テ之ヲ定ム

第七章　町村組合

第百二十九條　村町ハ其ノ事務ノ一部ヲ共同處理スル爲其ノ協議ニ依リ府縣知事

ノ許可ヲ得テ町村組合ヲ設クルコトヲ得此ノ場合ニ於テ組合内各町村ノ町村會又ハ町村吏員ノ職務ニ屬スル事項ナキニ至リタルトキハ其ノ町村會又ハ町村吏員ハ組合成立ト同時ニ消滅ス

町村ハ特別ノ必要アル場合ニ於テハ其ノ協議ニ依リ府縣知事ノ許可ヲ得テ其ノ事務ノ全部ノ共同處理スル爲町村組合ヲ設クルコトヲ得此ノ場合ニ於テハ組合内各町村會及町村吏員ハ組合成立ト同時ニ消滅ス

公益上必要アル場合ニ於テハ府縣知事ハ關係アル町村會ノ意見ヲ徴シ府縣參事會ノ議決ヲ經内務大臣ノ許可ヲ得テ前二項ノ町村組合ヲ設クルコトヲ得

町村組合ハ法人トス

第百三十條　前條第一項ノ町村組合ニシテ其ノ組合町村ノ數ヲ增減シ又ハ共同事務ノ變更ヲ爲サムトスル時ハ關係町村ノ協議ニ依リ府縣知事ノ許可ヲ受クヘシ

前條第二項ノ町村組合ニシテ其ノ組合町村ノ數ヲ減少セムトスルトキハ組合會ノ議決ニ依リ其ノ組合町村ノ數ヲ增加セムトスルトキハ其ノ町村組合ト新ニ加

ハヲムトスル町村トノ協議ニ依リ府町知事ノ許可ヲ受クヘシ

公益上必要アル場合ニ於テハ府縣知事ハ關係アル町村會又ハ組合會ノ意見ヲ徵シ府縣參事會ノ議決ヲ經內務大臣ノ許可ヲ得テ組合町村ノ數ヲ增減シ又ハ一部事務ノ爲設クル組合ノ共同事務ノ變更ヲ爲スコトヲ得

第百三十一條　町村組合ヲ設クルトキハ關係町村ノ協議ニ依リ組合規約ヲ定メ府縣知事ノ許可ヲ受クヘシ

組合規約ヲ變更セムトスルトキハ一部事務ノ爲ニ設クル組合ニ在リテハ關係町村ノ協議ニ依リ全部事務ノ爲ニ設クル組合ニ在リテハ組合會ノ議決ヲ經府縣知事ノ許可ヲ受クヘシ

公益上必要アル場合ニ於テハ府縣知事ハ關係アル町村會又ハ組合會ノ意見ヲ徵シ府縣參事會ノ議決ヲ經內務大臣ノ許可ヲ得テ組合規約ヲ定メ又ハ變更スルコトヲ得

第百三十二條　組合規約ニハ組合ノ名稱、組合ヲ組織スル町村、組合ノ共同事務

及組合役場ノ位置ヲ定ムヘシ

一部事務ノ爲ニ設クル組合ノ組合規約ニハ前項ノ外組合會ノ組職及組合會議員ノ選擧、組合吏員ノ組織及選任並組合費用ノ支辨方法ニ付規定ヲ設クヘシ

第百三十三條　町村組合ヲ解カムトスルトキハ一部事務ノ爲ニ設クル組合ニ於テハ關係町村ノ協議ニ依リ全部事務ノ爲ニ設クル組合ニ於テハ組合會ノ議決ニ依リ府縣知事ノ許可ヲ受クヘシ

公益上必要アル場合ニ於テハ府縣知事ハ關係アル町村會又ハ組合會ノ意見ヲ徵シ府縣參事會ノ議決ヲ經内務大臣ノ許可ヲ得テ町村組合ヲ解クコトヲ得

第百三十四條　第百三十條第一項第二項及前條第一項ノ場合ニ於テ財產ノ處分ニ關スル事項ハ關係町村ノ協議、關係町村ト組合トノ協議又ハ組合會ノ議決ニ依リ府縣知事ノ許可ヲ受クヘシ

第百三十條第三項及前條第二項ノ場合ニ於テ財產ノ處分ニ關スル事項ハ關係アル町村會又ハ組合會ノ意見ヲ徵シ府縣參事會ノ議決ヲ經内務大臣ノ許可ヲ得テ

府縣知事之ヲ定ム

第百三十五條　第百二十九條第一項及第二項第百三十條第一項及第二項第百三十一條第一項及第二項第百三十三條第一項竝前條第一項ノ規定ニ依ル府縣知事ノ處分ニ不服アル町村又ハ町村組合ハ内務大臣ニ訴願スルコトヲ得

組合費ノ分賦ニ關シ違法又ハ錯誤アリト認ムル町村ハ其ノ告知アリタル日ヨリ三月以内ニ組合ノ管理者ニ異議ノ申立ヲ爲スコトヲ得

前項ノ異議ハ之ヲ組合會ノ決定ニ付スヘシ其ノ決定ニ不服アル町村ハ府縣參事會ニ訴願シ其ノ裁決又ハ第四項ノ裁決ニ不服アルトキハ行政裁判所ニ出訴スルコトヲ得

前項ノ決定及裁決ニ付テハ組合ノ管理者ヨリモ訴願又ハ訴訟ヲ提起スルコトヲ得

前二項ノ裁決ニ付テハ府縣知事ヨリモ訴訟ヲ提起スルコトヲ得

第百三十六條　町村組合ニ關シテハ法律勅令中別段ノ規定アル場合ヲ除クノ外町

村ニ關スル規定ヲ準用ス

第八章　町村ノ監督

第百三十七條　町村ハ第一次ニ於テ郡長之ヲ監督シ第二次ニ於テ府縣知事之ヲ監督シ第三次ニ於テ内務大臣之ヲ監督ス

第百三十八條　本法中別段ノ規定アル場合ヲ除クノ外町村ノ監督ニ關スル郡長ノ處分ニ不服アル町村ハ府縣知事ニ訴願シ其ノ裁決ニ不服アルトキハ内務大臣ニ訴願スルコトヲ得

第百三十九條　本法中行政裁判所ニ出訴スルコトヲ得ヘキ場合ニ於テハ内務大臣ニ訴願スルコトヲ得ス

第百四十條　異議ノ申立又ハ訴願ノ提起ハ處分決定又ハ裁決アリタル日ヨリ二十一日以内ニ之ヲ爲スヘシ但シ本法中別ニ期間ヲ定メタルモノハ此ノ限ニ在ラス

行政訴訟ノ提起ハ處分決定裁定又ハ裁決アリタル日ヨリ三十日以内ニ之ヲ爲ス

ヘシ
異議ノ申立ニ關スル期間ノ計算ニ付テハ訴訟法ノ規定ニ依ル
異議ノ申立ハ期限經過後ニ於テモ宥恕スヘキ事由アリト認ムルトキハ仍之ヲ受理スルコトヲ得
異議ノ決定ハ文書ヲ以テ之ヲ爲シ其ノ理由ヲ附シ之ヲ申立人ニ交付スヘシ
異議ノ申立アルモ處分ノ執行ハ之ヲ停止セス但シ行政廳ハ其ノ職權ニ依リ又ハ關係者ノ請求ニ依リ必要ト認ムルトキハ之ヲ停止スルコトヲ得
第百四十一條　監督官廳ハ町村ノ監督上必要アル場合ニ於テハ事務ノ報告ヲ爲サシメ、書類帳簿ヲ徵シ及實地ニ就キ事務ヲ視察シ又ハ出納ヲ檢閱スルコトヲ得
監督官廳ハ町村ノ監督上必要ナル命令ヲ發シ又ハ處分ヲ爲スコトヲ得
上級監督官廳ハ下級監督官廳ノ町村ノ監督ニ關シテ爲シタル命令又ハ處分ヲ停止シ又ハ取消スコトヲ得
第百四十二條　内務大臣ハ町村會ノ解散ヲ命スルコトヲ得

町村會解散ノ場合ニ於テハ三月以内ニ議員ヲ選擧スヘシ

第百四十三條　町村ニ於テ法令ニ依リ負擔シ又ハ當該官廳ノ職權ニ依リ命スル費用ヲ豫算ニ載セサルトキハ郡長ハ理由ヲ示シテ其ノ費用ヲ豫算ニ加フルコトヲ得

町村長其ノ他ノ吏員其ノ執行スヘキ事件ヲ執行セサルトキハ郡長又ハ其ノ委任ヲ受ケタル官吏吏員之ヲ執行スルコトヲ得但シ其ノ費用ハ町村ノ負擔トス

前二項ノ處分ニ不服アル町村又ハ町村長其ノ他ノ吏員ハ府縣知事ニ訴願シ其ノ裁決ニ不服アルトキハ行政裁判所ニ出訴スルコトヲ得

第百四十四條　町村長、助役、收入役又ハ副收入役ニ故障アルトキハ監督官廳ハ臨時代理者ヲ選任シ又ハ官吏ヲ派遣シ其ノ職務ヲ管掌セシムルコトヲ得但シ官吏ヲ派遣シタル場合ニ於テハ其ノ旅費ハ町村費ヲ以テ辨償セシムヘシ

臨時代理者ハ有給ノ町村吏員トシ其ノ給料額旅費額等ハ監督官廳之ヲ定ム

第百四十五條　左ニ掲クル事件ハ内務大臣ノ許可ヲ受クヘシ

一　町村條例ヲ設ケ又ハ改廢スル事
二　學藝美術又ハ歷史上貴重ナル物件ヲ處分シ又ハ之ニ大ナル變更ヲ加フル事

第百四十六條　左ニ揭クル事件ハ內務大臣及大藏大臣ノ許可ヲ受クヘシ
一　村町債ヲ起シ並起債ノ方法、利息ノ定率及償還ノ方法ヲ定メ又ハ之ヲ變更スル事但シ第百十二條第三項ノ借入金ハ此ノ限ニ在ラス
二　特別稅ヲ新設シ增額シ又ハ變更スル事
三　間接國稅ノ附加稅ヲ賦課スル事
四　使用料手數料及加入金ヲ新設シ增額シ又ハ變更スル事

第百四十七條　左ニ揭クル事件ハ郡長ノ許可ヲ受クヘシ
一　基本財產ノ管理及處分ニ關スル事
二　特別基本財產及積立金穀等ノ管理及處分ニ關スル事
三　第九十條ノ規定ニ依リ舊慣ヲ變更又ハ廢止スル事

四　寄附又ハ補助ヲ爲ス事
五　不動產ノ管理及處分ニ關スル事
六　均一ノ稅率ニ依ラスシテ國稅又ハ府縣稅ノ附加稅ヲ賦課スル事
七　第百二條第一項第二項及第四項ノ規定ニ依リ數人又ハ町村ノ一部ニ費用ヲ負擔セシムル事
八　第百四條ノ規定ニ依リ不均一ノ賦課ヲ爲シ又ハ數人若ハ町村ノ一部ニ對シ賦課ヲ爲ス事
九　第百五條ノ準率ニ依ラスシテ夫役現品ヲ賦課スル事但シ急迫ノ場合ニ賦課スル夫役ニ付テハ此ノ限ニ在ラス
十　繼續費ヲ定メ又ハ變更スル事

第百四十八條　監督官廳ノ許可ヲ要スル事件ニ付テハ監督官廳ハ許可申請ノ趣旨ニ反セスト認ムル範圍內ニ於テ更正シテ許可ヲ與フルコトヲ得

第百四十九條　監督官廳ノ許可ヲ要スル事件ニ付テハ勅令ノ定ムル所ニ依リ其ノ

許可ノ職權ヲ下級監督官廳ニ委任シ又ハ輕易ナル事件ニ限リ許可ヲ受ケシメサルコトヲ得

第百五十條　府縣知事又ハ郡長ハ町村長、助役、收入役、副收入役、區長、區長代理者、委員其ノ他ノ町村吏員ニ對シ懲戒ヲ行フコトヲ得其ノ懲戒處分ハ譴責、二十五圓以下ノ過怠金及解職トス但シ町村長、助役、收入役及副收入役ニ對スル解職ハ懲戒審査會ノ議決ヲ經テ府縣知事之ヲ行ノ

懲戒審査會ハ內務大臣ノ命シタル府縣高等官三人及府縣名譽職參事會員ニ於テ互選シタル者三人ヲ以テ其ノ會員トシ縣府知事ヲ以テ會長トス知事故障アルトキハ其ノ代理者會長ノ職務ヲ行フ

府縣名譽職參事會員ノ互選スヘキ會員ノ選擧補闕及任期竝懲戒審査會ノ招集及會議ニ付テハ府縣制中名譽職參事會員及府縣參事會ニ關スル規定ヲ準用ス但シ補充員ハ之ヲ設クルノ限ニ在ラス

解職ノ處分ヲ受ケタル者其ノ處分ニ不服アルトキハ郡長ノ處分ニ付テハ府縣知

事ニ訴願シ其ノ裁決ニ不服アルトキ又ハ府縣知事ノ處分ニ付テハ內務大臣ニ訴願スルコトヲ得

府縣知事ハ町村長、助役、收入役及副收入役ノ解職ヲ行ハムトスル前其ノ停職ヲ命スルコトヲ得此ノ場合ニ於テハ其ノ停職期間報酬又ハ給料ヲ支給スルコトヲ得ス

懲戒ニ依リ解職セラレタル者ハ二年間町村長ノ公職ニ選擧セラレ又ハ任命セラルルコトヲ得ス

第百五十一條　町村吏員ノ服務紀律、賠償責任、身元保證及事務引繼ニ關スル規定ハ命令ヲ以テ之ヲ定ム

前項ノ命令ニハ事務引繼ヲ拒ミタル者ニ對シ二十五圓以下ノ過料ヲ科スル規定ヲ設クルコトヲ得

第九章　雜則

第百五十二條　郡長ノ職權ニ屬スル事件ニシテ數郡ニ涉ルモノアルトキハ府縣知

事ハ關係郡長ノ具狀ニ依ト共ノ事件ヲ管理スヘキ郡ヲ指定スヘシ共ノ數府縣ニ涉ルモノアルトキハ內務大臣ハ關係府縣知事ノ具狀ニ依リ共ノ事件ヲ管理スヘキ郡長ヲ指定スヘシ

第百五十三條　府縣知事又ハ府縣參事會ノ職權ニ屬スル事件ニシテ數府縣ニ涉ルモノアルトキハ內務大臣ハ關係府縣知事ノ具狀ニ依リ共ノ事件ヲ管理スヘキ府縣知事又ハ府縣參事會ヲ指定スヘシ

第百五十三條ノ二　島司ヲ置ク地ニ於テハ本法中郡長ニ關スル規定ハ島司ニ、郡ノ官吏ニ關スル規定ハ島廳ノ官吏ニ、郡ニ關スル規定ハ島廳管轄區域ニ關シ之ヲ適用ス

第百五十四條　第十一條ノ人口ハ內務大臣ノ定ムル所ニ依ル

第百五十五條　本法ニ於ケル直接稅及間接稅ノ種類ハ內務大臣及大藏大臣之ヲ定ム

第百五十六條　町村又ハ町村組合ノ廢置分合又ハ境界變更アリタル場合ニ於テ町

村ノ事務ニ付必要ナル事項ハ本法ニ規定スルモノノ外勅令ヲ以テ之ヲ定ム

第百五十七條　本法ハ北海道其ノ他勅令ヲ以テ指定スル島嶼ニ之ヲ施行セス

前項ノ地域ニ付テハ勅令ヲ以テ別ニ本法ニ代ハルヘキ制ヲ定ムルコトヲ得

附　則

第百五十八條　本法施行ノ期日ハ勅令ヲ以テ之ヲ定ム（明治四十四勅令第二百三十八條ヲ以テ同年十一月一日ヨリ施行ス）

第百五十九條　本法施行ノ際現ニ町村會議員、區會議員又ハ全部事務ノ爲ニ設クル町村組合會議員ノ職ニ在ル者ハ從前ノ規定ニ依ル最近ノ定期改選期ニ於テ總テ其ノ職ヲ失フ

第百六十條　舊刑法ノ重罪ノ刑ニ處セラレタル者ハ本法ノ適用ニ付テハ六年ノ懲役又ハ禁錮以上ノ刑ニ處セラレタル者ト看做ス但シ復權ヲ得タル者ハ此ノ限ニ在ラス

舊刑法ノ禁錮以上ノ刑ハ本法ノ適用ニ付テハ禁錮以上ノ刑ト看做ス

第百六十一條　本法施行ノ際必要ナル規定ハ命令ヲ以テ之ヲ定ム

附　則（大正十年法律五十九號）

本法中公民權及選擧ニ關スル規定ハ次ノ總選擧ヨリ之ヲ施行シ其ハ他ノ規定ノ施行ノ期日ハ勅令ヲ以テ之ヲ定ム

●市制町村制ノ施行ニ關スル件

（明治四十四年九月二十二日勅令第二百四十三號）

朕市制町村制ノ施行ニ關スル件ヲ裁可シ玆ニ之ヲ公布セシム

第一條　市制町村制施行前舊市制町村制ニ依リ爲シタル手續其ノ他ノ行爲ハ本令ニ別段ノ規定アル場合ヲ除クノ外之ヲ市制町村制ニ依リ爲シタルモノト看做ス

第二條　町村ノ境界ニ關スル爭論ニシテ郡參事會ニ於テ受理シタルモノハ之ヲ府縣參事會ニ於テ受理シタルモノト看做ス其ノ郡參事會ニ於テ爲シタル裁決ニ不服アル者ハ從前ノ規定ニ依ル訴願期間内ニ府縣參事會ノ裁定ヲ請フコトヲ得郡參事會ノ裁決ニ不服アルカ爲府縣參事會ニ爲シタル訴願ハ之ヲ其ノ裁定ヲ請ヒタルモノト看做ス

市町村ノ境界ニ關スル爭論ニ付府縣參事會ノ爲シタル裁決ハ之ヲ裁定ト看做ス

第三條　町村名譽職ノ當選ヲ辭シ又ハ其ノ職ヲ辭シ若ハ其ノ職務ヲ實際ニ執行セサルカ爲受ケタル町村公民權停止及町村費增課ノ處分ニ關スル訴願ニシテ郡參事會ニ於テ受理シタルモノハ之ヲ府縣參事會ニ於テ受理シタルモノト看做ス其ノ郡參事會ニ於テ爲シタル裁決ニ不服アル者ハ從前ノ規定ニ依ル訴願期間內ニ府縣參事會ニ訴願スルコトヲ得

市制町村制施行前市町村ニ於テ爲シタル市町村公民權停止及市町村費增課ノ處分ニ對スル訴願ノ期間ニ付テハ前項ノ規定ヲ準用ス

第四條　市町村營造物ニ關スル從前ノ市町村規則中市町村條例ヲ以テ規定スヘキ事項ニ關スル規定ハ市町村條例ト同一ノ效力ヲ有ス

第五條　市會議員ノ定數市制第十三條ノ議員ノ定數ニ滿タサルニ依リ其ノ不足ヲ補フカ爲選擧シタル議員ハ從前ノ規定ニ依ル最近ノ定期改選期ニ於テ其ノ職ヲ失フ

第六條　市町村會議員、區會議員又ハ全部事務ノ爲ニ設ケタル町村組合會議員ノ補闕又ハ增員ニ付從前ノ規定ニ依ル最近ノ定期改選期前ニ於テ其ノ選擧ヲ行ヒタルトキハ其ノ補闕議員又ハ增員議員ハ從前ノ規定ニ依ル最近ノ定期改選期ニ於テ其ノ職ヲ失フ當選ヲ辭シ又ハ選擧若ハ當選無效ト爲リタルカ爲選擧セラレタル議員ニ付亦同シ

第七條　市制町村制施行前ノ選擧ニ關スル選擧人名簿又ハ選擧若ハ當選ノ效力ニ付テハ從前ノ規定ニ依ル

選擧人名簿又ハ選擧若ハ當選ノ效力ニ關スル訴願ニシテ市制町村制施行前市町村長ニ於テ受理シタルモノ又ハ市町村會ニ付議シタルモノハ之ヲ市町村會ノ決定ニ付シタルモノト看做ス其ノ決定及市町村會ニ於テ爲シタル裁決ハ之ヲ異議ノ決定ト看做シ其ノ市制町村制施行前ニ爲シタル裁決ニ對シタル訴願ハ從前ノ規定ニ依ル訴願期間內ニ之ヲ提起スヘシ

市制町村制施行前ニ於ケル選擧又ハ當選ノ效力ニ關スル異議ハ從前ノ規定ニ依

ル訴願期間內ニ之ヲ申立ツヘシ
第二項ノ裁決ニ不服アル者ノ提起シタル訴願ニシテ郡參事會ニ於テ受理シタルモノハ之ヲ府縣參事會ニ於テ受理シタルモノト看做ス其ノ郡參事會ニ於テ爲シタル裁決ニ不服アル者ハ從前ノ規定ニ依ル訴願期間內ニ府縣參事會ニ訴願スルコトヲ得

第八條　市制町村制施行前家資分散若ハ破產ノ宣告ヲ受ケ又ハ禁錮以上ノ刑ニ當ルヘキ罪ノ爲公判ニ付セラレタル者ノ選擧權及被選擧權ノ有無ニ關シテハ前條ノ規定ヲ準用ス

第九條　選擧又ハ當選ノ效力ニ關スル府縣知事ノ異議ニシテ市制施行前府縣參事會ニ付議シタルモノハ之ヲ府縣參事會ノ決定ニ付シタルモノト看做シ其ノ府縣參事會ニ於テ爲シタル裁決ハ之ヲ決定ト看做ス
選擧又ハ當選ノ效力ニ關スル郡長ノ異議ニシテ町村制施行前郡參事會ニ付議シタルモノアルトキハ郡長ニ於テ直ニ府縣知事ノ指揮ヲ受ケ之ヲ處分スヘシ其ノ

郡參事會ニ於テ爲シタル裁決ハ之ヲ郡長ノ處分ト看做シ之ニ對スル訴願ハ從前ノ規定ニ依ル訴願期間內ニ之ヲ提起スヘシ

第十條　市制施行ノ際現ニ市會議長及其ノ代理者タル者ノ任期ハ從前ノ規定ニ依ル

前項ノ議長代理者ハ之ヲ副議長ト看做ス

第十一條　從前ノ規定ニ依ル市町村助役ノ選擧及收入役ノ選任ニ付テハ市町村長ノ推薦ニ依リ市町村會ニ於テ定メタルモノト看做ス

第十二條　町村長ニ於テ町村會ノ議決其ノ權限ヲ超エ又ハ法令ニ背クト認メ裁決ノ申請ヲ爲シ郡參事會ニ於テ受理シタルモノハ之ヲ決縣參事會ニ於テ受理シタルモノト看做ス其ノ郡參事會ニ於テ爲シタル裁決ニ不服アル者ハ從前ノ規定ニ依ル訴願期間內ニ府縣參事會ニ訴願スルコトヲ得

町村長ニ於テ町村會ノ議決公衆ノ利益ヲ害スト認メ裁決ノ申請ヲ爲シ郡參事會ニ於テ受理シタルモノハ之ヲ郡長ニ於テ受理シタルモノト看做ス其ノ郡參事會

ニ於テ爲シタル裁決ハ之ヲ郡長ノ處分ト看做シ之ニ對スル訴願ハ從前ノ規定ニ依ル訴願期間内ニ之ヲ提起スヘシ

前項ノ事件ニ付町村制施行前府縣參事會ノ爲シタル裁決ニ不服アル者ハ從前ノ規定ニ依ル訴願期間内ニ内務大臣ニ訴願スルコトヲ得

市參事會ニ於テ市會ノ議決公衆ノ利益ヲ害スト認メ府縣參事會ニ爲シタル裁決ノ申請ハ之ヲ市長ノ申請ト看做ス市制施行前其ノ府縣參事會ニ於テ爲シタル裁決ニ不服アル者ニ付テハ前項ノ規定ヲ準用ス

第十三條　市制施行前市ノ有給吏員ノ給料若ハ退隱料又ハ名譽職員ノ實費辨償若ハ報酬ノ給與ニ關シ府縣參事會ニ於テ受理シタル異議ハ之ヲ訴願ト看做シ其ノ府縣參事會ニ於テ爲シタル異議ノ裁決ハ之ヲ訴願ノ裁決ト看做ス

町村ノ有給吏員ノ給料若ハ退隱料、名譽職員ノ實費辨償若ハ報酬又ハ町村長ノ書記料ノ給與ニ關スル異議ノ申立ニシテ郡參事會ニ於テ受理シタルモノハ之ヲ府縣參事會ニ於テ受理シタルモノト看做ス其ノ郡參事會ニ於テ爲シタル裁決ニ不服アル者ハ從前ノ規定ニ依ル訴願期間內ニ府縣參會ニ訴願スルコトヲ得町村長ノ書記料ノ給與ニ關スル異議、訴願及訴訟ニ付テハ給料ニ關スル規定ヲ準用ス

市制町村制施行前前三項ノ給與ニ關シ爲シタル處分ニ對スル異議ノ申立期間ハ市制町村制施行ノ日ヨリ之ヲ起算ス

第十四條　從前ノ使用料、手數料及特別稅ニシテ市町村條例ニ依ラサルモノハ之ヲ市町村條例ヲ以テ規定シタルモノト看做ス

使用料、手數料及特別稅ニ關シ從前市町村條例ニ規定シタル科料ハ之ヲ過料ト看做ス但シ市制町村制施行前科料ノ處分ヲ受ケタル者ノ出訴ニ付テハ從前ノ規定ニ依ル

第十五條　市制町村制施行前市町村稅ノ賦課又ハ市町村ノ營造物、市町村有財產若ハ其ノ所得ヲ使用スル權利ニ關シ市參事會又ハ町村長ニ申立テタル訴願ハ之ヲ市長又ハ町村長ニ爲シタル異議ノ申立ト看做シ其ノ爲シタル裁決ニ不服アル

者ハ從前ノ規定ニ依ル訴願期間內ニ府縣參事會ニ訴願スルコトヲ得
前項ノ事件ニ關スル訴願ニシテ郡參事會ニ於テ受理シタルモノハ之ヲ府縣參事會ニ於テ受理シタルモノト看做シ其ノ郡參事會ニ於テ爲シタル裁決ニ不服アル者ハ從前ノ規定ニ依ル訴願期間內ニ府縣參事會ニ訴願スルコトヲ得
市制町村制施行前市町村ノ營造物、市町村有財產又ハ其ノ所得ヲ使用スル權利ニ付爲シタル處分ニ對スル異議ハ從前ノ規定ニ依ル訴願期間內ニ之ヲ申立ツヘシ

第十六條　手數料ノ徵收及市町村稅ノ滯納處分ニ關スル訴願ニシテ郡長又ハ府縣知事ニ於テ受理シタルモノハ之ヲ府縣參事會ニ於テ受理シタルモノト看做ス其ノ內務大臣ノ受理シタルモノニ付テハ從前ノ規定ニ依ル
市制町村制施行前ノ手數料ノ徵收ニ付テハ從前ノ規定ニ依ル訴願期間內ニ市町村長ニ異議ノ申立ヲ爲スコトヲ得其ノ郡長ニ於テ爲シタル訴願ノ裁決ニ不服アル者ハ從前ノ規定ニ依ル訴願期間內ニ府縣參事會ニ訴願スルコトヲ得其ノ府縣

知事ニ於テ爲シタル裁決ト看做ス

市制町村制施行前ノ市町村税ノ滯納處分又ハ町村税ノ滯納處分ニ關スル郡長ノ裁決ニ不服アル者ニ付テハ前項ノ規定ヲ準用ス

第十七條　市町村ノ一部ニ屬スル財産又ハ營造物ニ關シ區會又ハ區總會ヲ設クルカ爲市町村條例ノ設定ニ付府縣參事會又ハ郡參事會ヨリ内務大臣ニ提出シタル申請ハ之ヲ府縣知事又ハ郡長ノ申請ト看做ス

第十八條　町村組合ヲ解カムトスルノ申請ニシテ郡長ニ於テ受理シタルモノハ之ヲ府縣知事ニ於テ受理シタルモノト看做ス

第十九條　舊市制第百十六條第一項ノ府縣參事會ノ處分又ハ裁決ニ不服アル者ハ從前ノ規定ニ依ル訴願期間内ニ内務大臣ニ訴願スルコトヲ得

舊町村制第百二十條第一項ノ郡參事會ノ處分又ハ裁決ニ對スル訴願ニシテ府縣參事會ニ於テ受理シタルモノハ府縣知事ニ於テ受理シタルモノト看做ス其ノ府縣參事會ニ於テ爲シタル裁決ニ不服アルモノニ付テハ前項ノ規定ヲ準用ス

前項郡參事會ノ處分又ハ裁決ハ郡長ニ於テ爲シタル處分ト看做シ之ニ不服アル者ハ從前ノ規定ニ依ル訴願期間内ニ府縣知事ニ訴願スルコトヲ得

舊市制第百十六條第一項又ハ舊町村制第百二十條第一項ノ郡長又ハ府縣知事ノ處分又ハ裁決ニ不服アルカ爲提起スル訴願ノ期間ニ付テハ從前ノ規定ニ依ル

舊市制第百十六條第五項又ハ舊町村制第百二十條第五項ノ執行ノ停止ニ付テハ從前ノ規定ニ依ル

第二十條　舊町村制第百二十二條ノ規定ニ依リ郡長ノ爲シタル處分ニ對スル訴願ニシテ府縣參事會ニ於テ受理シタルモノハ府縣知事ニ於テ受理シタルモノト看做シ府縣參事會ニ於テ爲シタル裁決ハ之ヲ府縣知事ノ裁決ト看做ス

前項郡長ノ處分ニ不服アル者ノ提起スル訴願ノ期間ニ付テハ從前ノ規定ニ依ル

第二十一條　市町村會ノ議決ニ付許可ヲ要スル事件中府縣參事會又ハ郡參事會ニ申請シタルモノニシテ府縣知事又ハ郡長ノ職權ト爲リタルモノハ之ヲ府縣知事又ハ郡長ニ申請シタルモノト看做ス

第二十二條　市制町村制施行前ニ爲シタル市町村吏員ノ解職ニ付テハ總テ從前ノ規定ニ依ル

第二十三條　第三條第七條第四項第十二條第一項第十三條第二項第十五條第一項若ハ第二項又ハ第十六條第二項若ハ第三項ノ規定ニ依リ府縣參事會ニ提起シタル訴願ハ之ヲ市制又ハ町村制ニ依リタルモノト看做ス

第二十四條　市制町村制施行前ノ處分決定裁定又ハ裁決ニ對スル行政訴訟ノ提起期間ハ從前ノ規定ニ依ル

附　則

本令ハ明治四十四年十月一日ヨリ之ヲ施行ス

◉議員又ハ市町村吏員タルヲ得サル官吏ハ在職者ニ限ル

（明治二十二年六月四日閣令第十八號）

府縣會規則第十三條市制町村制第十五條衆議院議員選擧法第九條第十條ニ記載シ

クル官吏ハ在職者ノミニ限ルモノトス
非職者休職者ニシテ議員又ハ市町村ノ吏員タラントスルトキハ本屬長官ノ許可ヲ受ク可シ

●市町村會議員選擧人名簿及選擧錄書式

（明治四十四年九月三十日内務省訓令第十一號）

府縣（沖繩縣ヲ除ク）

市町村會議員選擧人名簿及選擧錄ハ左ノ書式ニ依リ調製セシムヘシ

選擧人名簿書式

明治　年度 直接市(町村)税納額	市(町村)公民	住所	出生年月日	氏名
萬千百十圓十錢厘		番地	年月日	

明治　年度 直接市（町村）税納額 萬千百十圓十錢厘	市（町村）公民 住所	出生年月日	氏名

備考

第一欄

イ　選擧人名簿調製期日ノ屬スル會計年度ノ前年度ノ直接市町村稅賦課額ヲ記載ス

ロ　市制第十四條第一項乃至第三項町村制第十二條第一項乃至第三項ノ規定ニ依リ選擧權ヲ有スル者ニシテ直接市町村稅納額ノ多キ者ヨリ順次ニ列記シ納額同シキモノハ其ノ市町村內ニ住所ヲ有スル年數ノ多キ者ヨリ順次ニ列記シ住所ヲ有スル年數同シキモノハ年齡ニ依リ年齡ニモ依リ難キモノハ市町村長抽籤ヲ以テ定ムル所ニ依リ記載ス

ハ　單ニ市制第七十六條第七十九條第二項町村制第六十三條第四項第六十七條第五項ノ規定ニ依リ公民タル者ニ付テハ記載ヲ省キ末尾ニ其ノ氏名ヲ記載ス

二　第二欄

イ　市制第十四條第二項第三項町村制第十二項第三項ノ規定ニ依リ選擧權ヲ有スル者ニ付テハ「無」ト記載ス

ロ　市制第九條第二項町村制第七條第二項ノ規定ニ依ル者ニ付テハ「特免」ト記載ス

ハ　市制第七十六條第七十九條第二項町村制第六十三條第四項第六十七條第五項ノ規定ニ依リ公民タル者ニ付テハ其ノ職名（市長、有給市參與、市ノ助役、收入役、有給町村長、町村ノ有給助役、收入役）ヲ記載ス

三　第三欄

イ　住所ノ大字名（又ハ市内ノ町名）番地ヲ記載ス但シ公法人ニ付テハ之ヲ闕キ私法人ニ付テハ民法ニ依ルモノハ主タル事務所ノ所在地、商法ニ依ルモノハ本店ノ所在地ニ依ル

ロ　市制第十四條第二項第三項町村制第十二條第二項第三項ノ規定ニ依リ選擧權ヲ有スル者ニシテ他市町村ニ住所ヲ有スルモノハ其ノ府縣郡市町村及大

字名（又ハ市內ノ町名）番地ヲ記載ス

四 選擧人ノ納ムル直接市町村稅ヲ總計シ納額最多キ者ヨリ其ノ總額ヲ等級ノ數ニ分チタル額ニ當ル迄ノ者、若其ノ人員議員定數ヲ等級ノ數ニ分チタル數ヨリ少キトキハ納額最多キ者ヨリ其ノ數ト同數ニ至ル迄ノ者ヲ以テ一級選擧人トシ仍市ニ於テハ一級選擧人ヲ除クノ外直接市稅納額最多キ者ヨリ直接市稅ノ總額中一級選擧人ノ納ムル額ヲ除キ其ノ殘額ノ半ニ當ル迄ノ者、若其ノ人員議員定數ノ三分ノ一ヨリ少キトキハ納額最多キ者ヨリ其ノ數ト同數ニ至ル迄ノ者ヲ以テ二級選擧人トシ爾餘ノ選擧人ヲ三級選擧人トス町村ニ於テハ一級選擧人ヲ除キ爾餘ノ選擧人ヲ二級選擧人トス

選擧人ノ總數及直接市町村稅ノ納稅總額並各級ニ屬スル選擧人員及其ノ直接市町村稅ノ納額ハ之ヲ名簿ノ末尾ニ附記ス

五 直接市町村稅ヲ賦課セサル市町村ニ於テハ其ノ市町村內ニ於テ納ムル直接國稅額ニ依ル

六　選擧人名簿ヲ調製シタルトキハ其ノ末尾ニ左ノ如ク記載ス
　　本名簿ハ明治　年　月　日ノ現在ニ依リ之ヲ調製シタリ
　　　　　　　某市（町村）長　氏　　名　印

七　選擧人名簿ヲ縱覽ニ供シタルトキハ其ノ末尾ニ左ノ如ク記載ス
　　本名簿ハ明治　年　月　日ヨリ七日間市役所（町村役場又ハ何ノ場所）ニ於テ之ヲ關係者ノ縱覽ニ供シタリ
　　　　　　　某市（町村）長　氏　　名　印

八　選擧人名簿ヲ修正シタルトキハ其ノ年月日及事由ヲ欄外ニ記載シ市町村長檢印ス

九　選擧人名簿ノ確定シタルトキハ其ノ末尾ニ左ノ如ク記載ス
　　本名簿ハ明治　年　月　日ヲ以テ確定シタリ
　　　　　　　某市（町村）長　氏　　名　印

十　選擧ヲ終リタル後ニ於テ次ノ選擧ノ爲確定名簿ヲ修正シタルトキハ「八」ノ取

扱ヲ爲スノ外名簿ノ末尾ニ左ノ如ク記載ス
本名簿ハ明治　年　月　日迄ニ修正シタリ
某市(町村)長　氏　　名　印

十一　市ニ於テ選擧區アルトキハ前各項ニ準シ各選擧區毎ニ名簿ヲ調製シ市町村ニ於テ選擧分會ヲ設ケタルトキハ別ニ分會ノ區劃毎ニ名簿ノ抄本ヲ調製ス

選擧錄書式

某市(町村)會議員何級總選擧(補闕又ハ增員選擧)會選擧錄

一　某市(町村)會議員何級總選擧(補闕又ハ增員選擧)ニ付議員若干人選擧ノ爲本市役所(町村役場又ハ何ノ場所)ニ選擧會場ヲ設ケタリ

二　左ノ選擧立會人ハ孰レモ投票時刻迄ニ選擧會場ニ參會シタリ

氏　　名
氏　　名
氏　　名

氏　　　名

投票時刻ニ至リ選擧立會人中何人參會セサルニ依リ市長(町村長)ハ臨時ニ選擧人中ヨリ左ノ者ヲ選擧立會人ニ選任シタリ

三　選擧會ハ明治何年何月何日午前(午後)何時ニ之ヲ開キタリ

四　選擧長ハ選擧立會人ト共ニ投票ニ先チ選擧會場ニ參集シタル選擧人ノ面前ニ於テ投票函ヲ開キ其ノ空虛ナルコトヲ示シタル後蓋ヲ鎖シ選擧長及選擧立會人ノ列席スル面前ニ之ヲ置キタリ

五　確定名簿ニ登錄セラレタル何級選擧人ノ數ハ其ノ選擧スヘキ議員數ノ三倍ヨリ少キヲ以テ連名投票ノ法ヲ用キタリ

六　選擧長及選擧立會人ノ面前ニ於テ選擧人ヲシテ逐次其ノ氏名ヲ自唱セシメ選擧人名簿ニ對照シタル後投票用紙ヲ交付シタリ

七　選擧立會人中氏名ハ一旦參會シタルモ午前(午後)何時何々ノ事故ヲ以テ其ノ職ヲ辭シタル爲其ノ定數ヲ闕キタルニ依リ市長(町村長)ハ臨時ニ選擧人中ヨ

リ午前（午後）何時左ノ者ヲ選擧立會人ニ選任シタリ

氏　　名

選擧立會人中氏名ハ一旦參會シタルモ午前（午後）何時何々ノ事故ヲ以テ其ノ職ヲ辭シタルモ尚選擧立會人ハ二人（又ハ三人）在リ而モ市長（町村長）ニ於テ其ノ闕員ヲ補フノ必要ナキニ至レルヲ認メ特ニ其ノ補闕ヲ爲ササル旨ヲ宣言シタリ

八　左ノ選擧人ハ選擧人名簿ニ登錄ナキモ之ニ登錄セラルヘキ確定裁決書（又ハ判決書）ヲ所持シタルニ依リ之ヲシテ投票セシメタリ

氏　　名

九　左ノ選擧人ハ何々ノ事由ニ依リ（例ヘハ代人ヲ出シテ投票セントスルモ其ノ代人ニ於テ委任狀又ハ代理ヲ證スル書面ヲ選擧長ニ示サザルニ依リ）選擧立會人（又ハ可否同數ナルカ爲選擧長）ノ決定ニ基キ其ノ投票ヲ拒否シタリ

氏　　　名

十　左ノ選擧人ハ誤テ投票用紙ヲ汚損シタル旨ヲ以テ更ニ之ヲ請求シタルニ依リ其ノ相違ナキヲ認メ之ト引換ニ投票用紙ヲ交付シタリ

氏　　　名

十一　左ノ選擧人ハ選擧會場ニ於テ演說討論ヲ爲シ（喧擾ニ涉リ）（投票ニ關シ協議若ハ勸誘ヲ爲シ）（何々ニ因リ）選擧會場ノ秩序ヲ紊シタルニ依リ選擧長ニ於テ之ヲ制止シタルモ其ノ命ニ從ハサルヲ以テ投票用紙ヲ取上ケ之ヲ選擧會場外ニ退出セシメタリ

氏　　　名

十二　選擧長ハ午前（午後）何時選擧會場ノ秩序ヲ紊スノ虞ナシト認メ（又ハ選擧會場ノ入口ヲ閉鎖スルニ先チ）選擧會場外ニ退出ヲ命シタル選擧人ニ對シ入場ヲ許シタルニ左ノ選擧人入場シタルヲ以テ投票セシタリ

氏　　　名

十三　午前(午後)何時ニ至リ選擧長ハ投票時間ヲ終リタル由ヲ告ゲ選擧會場ノ入口ヲ閉鎖シタリ

十四　午前(午後)何時選擧會場ニ在ル選擧人ノ投票結了シタルヲ以テ選擧長ハ選擧立會人ト共ニ投票函ノ投票口ヲ鎖シタリ

十五　各選擧分會ヨリ投票函等左ノ如ク到著セリ

第一(又ハ何)選擧分會ノ投票函ハ分會長職氏名及選擧立會人氏名携帶シ午前(午後)何時著之ヲ檢スルニ異狀ナシ

第二(又ハ何)選擧分會ノ投票函ハ何々

十六　選擧長ハ選擧立會人立會ノ上投票函ヲ開キ(本會及各選擧分會ノ投票函ヲ開キ投票ヲ混同シ)其ノ投票ヲ點檢スルニ左ノ如シ

投票總數　何票

有效投票　何票

無效投票　何票

内
一　成規ノ用紙ヲ用ヰサルモノ　何票
二
三
四
五
六
連名投票ニ付テハ市制第二十八條第二項町村制第二十五條第二項ノ規定ニ依リ其ノ無效又ハ投票中無效ト無シタル部分ノ事由及其ノ數ヲ區分シ記載スヘシ

十七　有效投票ノ内得票者ノ氏名及其ノ得票數左ノ如シ
何票　氏名
何票　氏名

十八　何級ニ於テ選擧スヘキ議員數何人ヲ以テ選擧人名簿ニ記載セラレタル何級ノ人員數何人ヲ除シテ得タル數ハ何人ニシテ此ノ七分ノ一ノ數ハ何票ナリ得票者中此ノ數ニ達スルモノヲ擧クレハ左ノ如シ

何　票　　氏　　名

何　票　　氏　　名

右ノ内有效投票ノ最多數ヲ得タル左ノ何人ヲ以テ當選者トス

氏　　名

氏　　名

但シ氏名及氏名ハ得票ノ數同シキニ依リ其ノ出生年月日ヲ調査スルニ氏名ハ何年何月何日生氏名ハ何年何月生ニシテ氏名年者長者ナルヲ以テ則チ氏名ヲ以テ當選者ト定メタリ（同年月日ナルヲ以テ選擧長ニ於テ抽籤シタルニ氏名當籤セリ依テ氏名ヲ以テ當選者ト定メタリ）

十九　選擧長ハ投票ノ有效無效ヲ區別シ各別ニ之ヲ括束シ更ニ之ヲ封筒ニ入レ選

擧立會人ト共ニ之ヲ封印シタリ

二十　左ノ者ハ選擧會場ノ事務ニ從事シタリ

職　氏　名

職　氏　名

二十一　選擧會場ニ臨監シタル官吏左ノ如シ

官職　氏　名

二十二　午前(午後)何時選擧事務ヲ了シ選擧會ヲ閉チタリ

選擧長ハ此ノ選擧錄ヲ作リ之ヲ朗讀シタル上選擧立會人ト共ニ玆ニ署名ス

明治何年何月何日

選擧長

某市(町村)長　氏　名

選擧立會人

氏　　名

氏　　名

備考

一　選舉會ハ各級毎ニ之ヲ調製スヘシ

二　選舉區アルトキ又ハ選舉分會ヲ設クルトキハ此ノ書式ニ準スヘシ但シ分會ノ選舉ニ在リテハ投票函ノ儘本會ニ送致スヘキヲ以テ開票ニ關スル事項ハ固ヨリ之ヲ記載スヘキニ非ス

三　書式ニ掲クル事項ノ外選舉長ニ於テ選舉ニ關シ緊要ト認ムル事項アルトキハ之ヲ記載スヘシ

◯勅 市稅及町村稅ノ賦課ニ關スル件

（明治四十四年九月二十二日 勅令第二百四十一號）

朕市稅及町村稅ノ賦課ニ關スル件ヲ裁可シ茲ニ之ヲ公布セシム

第一條　市町村ノ内外ニ於テ營業所ヲ設ケ營業ヲ爲ス者ニシテ其ノ營業又ハ收入ニ對スル本税ヲ分割シテ納メサル者ニ對シ附加税ヲ賦課セムトスルトキハ市町村長ハ關係市區北海道、沖繩縣ノ區ヲ含ム又ハ町村長戸長又ハ之ニ準スヘキモノヲ含ムト協議ノ上其ノ本税額ノ歩合ヲ定ムヘシ

前項ノ協議調ハサルトキハ其ノ郡内ニ止マルモノハ郡長之ヲ定メ其ノ郡島ヲ含ム以下之ニ倣フ而シテ數郡若クハ數市ニ渉ルモノハ府縣知事之ヲ定メ其ノ數府縣北海道ヲ含ム以下之ニ倣フニ渉ルモノハ内務大臣及大藏大臣之ヲ定ムヘシ

第一項ノ場合ニ於テ直接ニ收入ヲ生スルコトナキ營業所アルトキハ他ノ營業所ト收入ヲ共通スルモノト認メ前二項ノ規定ニ依リ本税額ノ歩合ヲ定ムヘシ

府縣ニ於テ數府縣ニ渉ル營業ニ對シ營業税附加税賦課ノ歩合ヲ定メタルモノアルトキハ其ノ歩合ニ依ル本税額ヲ以テ其村ノ府縣ニ於ケル本税額ト看做ス

第二條　鑛區砂鑛區ヲ含ム以下之ニ倣フカ市町村ノ内外ニ渉ル場合ニ於テ鑛區税砂鑛區税ヲ含ムノ附加税ヲ賦課セムトスルトキハ鑛區ノ屬スル地表ノ面積ニ依リ其ノ本税額ヲ分

割シ其ノ一部ニノミ賦課スヘシ

市町村ノ内外ニ於テ營業ニ關スル事務所其ノ他ノ營業所ヲ設ケタル場合ニ於テ營業税ノ附加税ヲ賦課セムトスルトキハ前條ノ例ニ依リ總額ヲ營業所所在ノ市町村ノ内外ニ渉ル場合亦同シ

第三條　住所滯在カ市町村ノ内外ニ渉ル者ノ收入ニシテ土地家屋物件又ハ營業所ヲ設ケタル營業ヨリ生スル收入ニ非サルモノニ對シ市町村税ヲ賦課セムトスルトキハ其ノ收入ヲ平分シ其ノ一部ニノミ賦課スヘシ

前項ノ住所又ハ滯在其ノ時ヲ異ニシタルトキハ納税義務ノ發生シタル翌月ノ初ヨリ其ノ消滅シタル月ノ終迄月割ヲ以テ賦課スヘシ但シ賦課後納税義務者ノ住所又ハ滯在ニ異動ヲ生スルモ賦課額ハ之ヲ變更セス其ノ新ニ住所ヲ有シ又ハ滯在スル市町村ニ於テハ賦課ナキ部分ニノミ賦課スヘシ

附則

本令ハ明治四十四年十月一日ヨリ之ヲ施行ス但シ明治四十四年度ノ課税ニ關シテ

ハ従前ノ例ニ依ル

㊞市町村財務規程

（明治四十四年九月二十二日内務省令第十五號）

市町村財務規程左ノ通定ム

市町村財務規程

第一條　市町村税其ノ他一切ノ收入ヲ歳入トシ一切ノ經費ヲ歳出トシ歳入歳出ハ豫算ニ編入スヘシ

第二條　各年度ニ於テ決定シタル歳入ヲ以テ他ノ年度ニ屬スヘキ歳出ニ充ツルコトヲ得ス

第三條　歳入ノ年度所屬ハ左ノ區分ニ依ル

一　市町村條例又ハ豫メ市町村會ノ議決ヲ以テ納期ヲ定メタル收入ハ其ノ納期末日ノ屬スル年度

二　定期ニ賦課スルコトヲ得サルカ爲特ニ納期ヲ定メタル收入又ハ隨時ノ收入ニシテ徴税令書又ハ納額告知書ヲ發スルモノハ徴税令書又ハ納額告知書ヲ

發シタル日ノ屬スル年度

三　隨時ノ收入ニシテ納額告知書ヲ發セサルモノハ領收ヲ爲シタル日ノ屬スル年度

第四條　歲出ノ所屬年度ハ左ノ區分ニ依ル

一　費用辨償、報酬、給料、旅費、退隱料、退職給與金、死亡給與金、遺族扶助料、其ノ他ノ給與、傭入料ノ類ハ其ノ支給スヘキ事實ノ生シタル時ノ屬スル年度但シ別ニ定マリタル支拂期日アルトキハ其ノ支拂期日ノ屬スル年度

二　通信運搬費、土木建築費其ノ他物件ノ購入代價ノ類ハ契約ヲ爲シタル時ノ屬スル年度但シ契約ニ依リ定メタル支拂期日アルトキハ其ノ支拂期日ノ屬スル年度

三　缺損補塡ハ其ノ補塡ノ決定ヲ爲シタル日ノ屬スル年度

四　前各號ニ揭クルモノヲ除クノ外ハ總テ支拂命令ヲ發シタル日ノ屬スル年度

第五條　各年度ニ於テ歲計ニ剩餘アルトキハ翌年度ノ歲入ニ編入スヘシ但シ市町

村條例ノ規定又ハ市町村會ノ議決ニ依リ剩餘金ノ全部又ハ一部ヲ基本財產ニ編入スル場合ニ於テハ繰越ヲ要セス之カ支出ヲ爲スコトヲ得

第六條　市町村稅ハ徵稅令書ニ依リ使用料、手數料及物件ノ賃貸料ハ納額告知書ニ依リ之ヲ徵收ス

前項以外ノ收入ハ納付書ニ收入ス

第七條　支出ハ債主ニ對スルニ非サレハ之ヲ爲スコトヲ得ス

第八條　左ノ經費ハ現金前渡ヲ爲スコトヲ得

一　市町村債ノ元利支拂

二　外國ニ於テ物品ヲ購入スル爲必要ナル經費

三　市町村外遠隔ノ地ニ於テ支拂ヲ必要トスル經費

前項ノ現金前渡ハ市町村吏員以外ノ者ニ之ヲ爲スコトヲ得

第九條　左ノ經費ハ概算拂ヲ爲スコトヲ得

一　旅費

二　訴訟費用

第十條　官報其ノ他前金支拂ニ非サレハ購入又ハ借入ノ契約ヲ爲シ難キモノニ限リ前金拂ヲ爲スコトヲ得

第十一條　前三條ニ揭クルモノノ外必要アルトキハ市町村ハ府縣知事ノ許可ヲ得テ現金前渡、概算拂又前金拂ヲ爲スコトヲ得

第十二條　歲入ノ誤納過納ト爲リタル金額ノ拂戾ハ各之ヲ收入シタル歲入ヨリ支拂フヘシ

歲出ノ誤拂過渡ト爲リタル金額、現金前渡、前金拂、概算拂及繰替拂ノ返納ハ各之ヲ支拂ヒタル經費ノ定額ニ戾入スヘシ

第十三條　出納閉鎖後ノ收入支出ハ之ヲ現年度ノ歲入歲出ト爲スヘシ前條ノ拂戾金、戾入金ノ出納閉鎖後ニ係ルモノ亦同シ

第十四條　繼續費ハ每年度ノ支拂殘額ヲ繼續年度ノ終リ迄遞次繰越使用スルコトヲ得

第十五條　歳入歳出豫算ハ必要アルトキハ經常臨時ノ二部ニ別ツヘシ

歳入歳出豫算ハ之ヲ款項ニ區分スヘシ

第十六條　歳入歳出豫算ニハ豫算說明ヲ付スヘシ

第十七條　特別會計ニ屬スル歳入歳出ハ別ニ其ノ豫算ヲ調製スヘシ

第十八條　豫算ハ會計年度經過後ニ於テ更正又ハ追加ヲ爲スコトヲ得ス

第十九條　豫算ニ定メタル各款ノ金額ハ彼是流用スルコトヲ得ス豫算各項ノ金額ハ市町村會ノ議決ヲ經テ之ヲ流用スルコトヲ得

第二十條　決算ハ豫算ト同一ノ區分ニ依リ之ヲ調製シ豫算ニ對スル過不足ノ說明ヲ付スヘシ

第二十一條　會計年度經過後ニ至リ歳入ヲ以テ歳出ニ充ツルニ足ラサルトキハ第一次監督官廳ノ許可ヲ得テ翌年度ノ歳入ヲ繰上ケ之ニ充用スルコトヲ得

第二十二條　市ハ其ノ歳入歳出ニ屬スル公金ノ受拂ニ付郵便振替貯金ノ法ニ依ルコトヲ得

第二十三條　市町村ハ現金ノ出納又保管ノ爲市町村金庫ヲ置クコトヲ得

第二十四條　金庫事務ノ取扱ヲ爲サシムヘキ銀行ハ市町村會之ヲ定ム

第二十五條　金庫ハ收入役ノ通知アルニ非サレハ現金ノ出納ヲ爲スコトヲ得ス

第二十六條　金庫事務ノ取扱ヲ爲ス者ハ現金ノ出納保管ニ付市町村ニ對シテ責任ヲ有ス

第二十七條　金庫事務ノ取扱ヲ爲ス者ノ保管スル現金ハ市町村ノ歳入歳出ニ屬スルモノニ限リ支出ニ妨ケナキ限度ニ於テ市町村ハ其ノ運用ヲ許スコトヲ得

前項ノ場合ニ於テハ金庫事務ノ取扱ヲ爲ス者ハ市町村ノ定ムル所ニ依リ利子ヲ市町村ニ納付スヘシ

第二十八條　市町村ハ金庫事務ノ取扱ヲ爲ス者ヨリ擔保ヲ徵スヘシ其ノ種類、價格及程度ニ關シテハ第一次監督官廳ノ許可ヲ受クルコトヲ要ス

第二十九條　收入役ハ定期及臨時ニ金幕ノ現金帳簿ヲ檢査スヘシ

第三十條　本令ニ規定スルモノノ外市町村ハ府縣知事ノ許可ヲ得テ必要ナル規定

ヲ設クルコトヲ得

附　則

本令ハ明治四十四年十月一日ヨリ之ヲ施行ス

◯市町村歳入出豫算書式（大正元年十二月七日内務省令第十八號）

市町村歳入出豫算ハ第一號ノ式ニ依リ事ヲ調製スヘシ

特別會計ニ屬スル歳入出豫算ハ前項ノ例ニ依ル

繼續費ノ年期及支出方法ハ第二號ノ式ニ依リ之ヲ調製スヘシ

市制第六條ノ市ノ區、市町村ノ一部、市町村組合又ハ町村組合ノ歳入出豫算並繼續費ノ年期及支出方法ハ前各項ノ例ニ依ル

附　則

本令ハ大正二年度分ヨリ之ヲ施行ス

（式略ス）

市制第百六十九條及町村制第百四十九條ニ依ル命令ノ件（大正元年八月三十日勅令第十八號）

朕市制第百六十九條及町村制第百四十九條ニ依ル命令ノ件ヲ裁可シ茲ニ之ヲ公布セシム

第一條　市町村行政ニ關シ主務大臣ノ許可ヲ要スル事項中左ニ掲クルモノハ府縣知事之ヲ許可スヘシ

一　公告式、學務委員、基本財産、特別基本財産、積立金穀、造林、傳染病豫防、救治ニ關スル一時給與金、有給吏員ノ年功加俸、退隱料、退職給與金、死亡給與金、弔祭料、療治料、遺族扶助料、町村助役ノ定數增加、町村長町村助役ノ有給及町村收入役ノ設置ニ關スル條例ヲ設ケ又ハ改正スル事

二　手數料及墓地、火葬場、屠場、家畜市場、公園、病院、溫泉、土地、用水其ノ他之ニ類スルモノノ使用料ニ關スル條例ヲ設ケ又ハ改正スル事

三　町村ノ區會及區總會ニ關スル條例ヲ設ケ又ハ改正スル事

四　條例ヲ廢止スル事

五　敎育費ニ充ツル爲府縣郡ノ基金又ハ敎育資金ヨリ借入ルル市町村債ニ關スル事

六　小學校ノ建築增築改築ニ關スル費用、傳染病豫防費又ハ救施ヲ要スル災害復舊工事費ニ充ツル爲借入ルル償還期限三年以內ノ市町村債ニ關スル事

七　借入ノ翌年度ニ於テ償還スル市町村債ニ關スル事但シ借入金ヲ以テ償還スルモノニ付テハ此ノ限ニ在ラス

八　村ヲ町ト爲シ又ハ町ヲ村ト爲ス事

第二條　市町村行政ニ關シ監督官廳ノ許可ヲ要スル事項中左ニ揭クルモノハ其ノ許可ヲ受クルコトヲ要セス

一　市町村債ノ借入額ヲ減少シ利息ノ定率ヲ低減シ又ハ之カ爲償還年限ヲ短縮スル事

二　許可ヲ受ケタル市町村債ニ關スル條例又ハ議決ノ定ムル所ニ基キ既定ノ償還年限ヲ延長セスシテ低利借替ヲ爲シ又ハ繰上ケ償還ヲ爲ス事但シ外資ニ依リタル市町村債ノ借替又ハ外資ヲ以テスル借替ニ付テハ此ノ限ニ在ラス

三　特別税、使用料、手數料、加入金、町村ノ常設委員、町村ノ區會又ハ區總會ニ關スル條例ヲ廢止スル事

四　基本財産、特別基本財産若ハ積立金ノ現金ヲ郵便貯金ト爲シ又ハ現金若ハ郵便貯金ヲ國債證券若ハ地方債證券ニ代フル事

五　特定ノ目的ノ爲ニスル積立金穀ヲ其ノ目的ノ爲ニ處分スル事

六　一年度ヲ超エサル繼續費ヲ定メ又ハ其ノ年期内ニ於テ之ヲ變更スル事

七　明治三十二年勅令第三百十六號第二條ノ規定ニ依リ府縣費ノ分賦ヲ受ケタル市ニ於テ明治十三年第十七號布告第一條及第二條ニ揭クル種類ト同種類ノ特別税ヲ賦課スル事但シ漁業税採藻税ニシテ從來ノ慣例ヲ改正シ又ハ新ニ課税スルモノニ付テハ此ノ限ニ在ラス

八 耕地整理ノ爲町村ノ境界ヲ變更スル事及之ニ伴フ財産處分ニ關スル事但シ郡市ノ境界ニ關スルトキ、關係アル町村會ノ意見ヲ異ニスルトキ又ハ財産ニ變更ニ及ホスヘキ場合ハ此ノ限ニ在ラス

附則

本令ハ大正元年九月一日ヨリ之ヲ施行ス

明治三十三年勅令第百二十三號ハ之ヲ廢止ス

⦿公共團體ニ於テ使用料手數料等徴收上收入證紙發行ニ付テハ經伺ニ及ハサル件

（大正元年十一月十六日 内務省訓令第十七號）

北海道廳 府縣

公共團體ニ於テ使用料手數料等徴收上ノ便宜ノ爲收入證紙發行ニ付テハ今後經伺ニ及ハス但從來指示ノ事項ヲ遵守シ已ヲ得ス金額ヲ表示スル場合ハ算用數字ヲ用

辛政府發行ノ收入印紙ニ紛ハシカラサル様注意スヘシ

市町村吏員ノ賠償責任竝身元保證ニ關スル件（明治四十四年九月二十九日勅令第二百四十五號）

朕市町村吏員ノ賠償責任竝身元保證ニ關スル件ヲ裁可シ茲ニ之ヲ公布セシム

第一條　市町村吏員其ノ管掌ニ屬スル現金、證券其ノ他ノ財産ヲ亡失又ハ毀損シタルトキハ市町村ハ期間ヲ指定シ其ノ損害ヲ賠償セシムヘシ但シ避クヘカラサル事故ニ原因シタルトキ又ハ他ノ者ノ使用ニ供シタル場合ニ於テ合規ノ監督ヲ怠ラサリシトキハ市町村ハ其ノ賠償ノ責任ヲ免除スヘシ

第二條　收入役、副收入役若ハ收入役代理者又ハ收入役ノ職務ヲ兼掌スル町村長若ハ助役ハ市制第百三十九條第二項町村制百十九條第二項ノ規定ニ違反シテ支出ヲ爲シタルトキハ市町村ハ期間ヲ指定シ之ニ因リテ生シタル損害ヲ賠償セシムヘシ區收入役、區副收入役又ハ區收入役代理者ニ付亦同シ

第三條　市町村吏員其ノ執務上必要ナル物品ノ交付ヲ受ケ故意又ハ怠慢ニ因リ之ヲ亡失又ハ毀損シタルトキハ市町村ハ期間ヲ指定シ其ノ損害ヲ賠償セシムヘシ

第四條　前三條ノ處分ヲ受ケタル者其ノ處分ニ不服アルトキハ府縣參事會ニ訴願シ其ノ裁決ニ不服アルトキハ行政裁判所ニ出訴スルコトヲ得

前項ノ裁決ニ付テハ府縣知事又ハ市町村ヨリモ訴訟ヲ提起スルコトヲ得

前二項ノ訴願及訴訟ノ提起期間ハ市制第百六十條町村制第百四十條ノ例ニ依ル

第五條　賠償金ノ徴收ニ關シテハ市制第百三十一條町村制第百十一條ノ例ニ依ル

第六條　市町村吏員ニ對シ身元保證ヲ徴スルノ必要アリト認メタルトキハ市町村ハ第一次監督官廳ノ許可ヲ得テ其ノ種類、價格、程度其ノ他必要ナル事項ヲ定ムヘシ

第七條　本令中市町村ニ關スル規定ハ市制第六條ノ市ノ區並市制第百四十四條ノ市ノ一部及町村制第百二十四條ノ町村ノ一部ニ之ヲ準用ス

附　則

本令ハ明治四十四年十月一日ヨリ之ヲ施行ス

市制町村制施行前市町村吏員ノ賠償責任ニ付府縣參事會又ハ郡參事會ノ爲シタル裁決ニ關シテハ從前ノ例ニ依ル

◉市町村吏員服務紀律

明治四十四年九月二十二日
內務省令第十六號

市町村吏員服務紀律左ノ通定ム

市町村吏員服務紀律

第一條　市町村吏員ハ忠實勤勉ヲ旨トシ法令ニ從ヒ其ノ職務ニ盡スヘシ

第二條　市町村吏員ハ職務ノ內外ヲ問ハス廉恥ヲ破リ其ノ他品位ヲ傷フノ所爲アルヘカラス

市町村吏員ハ職務ノ內外ヲ問ハス職權ヲ濫用セス懇切公平ナルコトヲ務ムヘシ

第三條　市町村吏員ハ總テ公務ニ關スル機密ヲ私ニ漏洩シ又ハ未發ノ事件若ハ文書ヲ私ニ漏示スルコトヲ得ス其ノ職ヲ退クノ後ニ於テモ亦同シ

裁判所ノ召喚ニ依リ證人又ハ鑑定人ト爲リ職務上ノ祕密ニ就キ訊問ヲ受クルトキハ指揮監督者ノ許可ヲ得タル件ニ限リ供述スルコトヲ得事實參考ノ爲訊問ヲ受ケタル者ニ付テモ亦同シ

前項ノ場合ニ於テ市町村吏員ノ掌ル國府縣其ノ他公共團體ノ事務ニ付テハ國府縣其ノ他公共團體ノ代表者ノ許可又ハ承認ヲ得ルコトヲ要ス

第四條　市町村吏員ハ其ノ職務ニ關シ直接ト間接トヲ問ハス自己若ハ其ノ他ノ者ノ爲ニ贈與其ノ他ノ利益ヲ供給セシムルノ約束ヲ爲スコトヲ得ス

市町村吏員ハ指揮監督者ノ許可ヲ受クルニ非サレハ其ノ職務ニ關シ直接ト間接トヲ問ハス自己若ハ其ノ他ノ者ノ爲ニ贈與其ノ他ノ利益ヲ受クルコトヲ得ス

第五條　左ニ掲クル者ト直接ニ關係ノ職務ニ在ル市町村吏員ハ其ノ者又ハ其ノ者ノ爲ニスル者ノ饗讌ヲ受クルコトヲ得ス

一　市町村ニ對シ工事ノ請負又ハ物件勞力供給ノ契約ヲ爲ス者

二　市町村ニ屬スル金錢ノ出納保管ヲ擔任スル者

三 市町村ヨリ補助金又ハ利益ノ保證ヲ受クル起業者

四 市町村ト土地物件ノ賣買贈與貸借又ハ交換ノ契約ヲ爲ス者

五 其ノ他市町村ヨリ現ニ利益ヲ得又ハ得ムトスル者

附　則

本令ハ明治四十四年十月一日ヨリ之ヲ施行ス

◎市町村吏員事務引繼ニ關スル件

（明治四十四年九月二十二日内務省令第十七號）

市町村吏員事務引繼ニ關スル件左ノ通定ム

市町村吏員事務引繼ニ關スル件

第一條　市町村長更迭ノ場合ニ於テハ前任者ハ退職ノ日ヨリ十日以内ニ其ノ擔任スル事務ノ後任者ニ引繼クヘシ後任者ニ引繼クコトヲ得サル事情アルトキハ助役ニ引繼クヘシ此ノ場合ニ於テハ助役ハ後任者ニ引繼クコトヲ得ルニ至リタルトキハ直ニ後任者ニ引繼クヘシ

前項引繼ノ場合ニハ書類帳簿及財産ノ目錄ヲ調製シ處分未濟若ハ未著手又ハ將來企畫スヘキ見込ノ事項ニ付テハ其ノ順序方法及意見ヲ記載スルコトヲ要ス

第一項ノ期間內ニ引繼ヲ了スルコトヲ得サルトキハ其ノ事由ヲ具シ第一次監督官廳ノ許可ヲ受クヘシ

第二條 助役退職ノ場合ニ於テ其ノ分掌事務アルトキハ之ヲ市町村長ニ引繼クヘシ前條ノ規定ハ此ノ場合ニ之ヲ準用ス

第三條 收入役更迭ノ場合ニ於テ前任者ハ退職ノ日ヨリ十日以內ニ其ノ擔任スル事務ヲ後任者ニ引繼クヘシ後任者ニ引繼クコトヲ得サル事情アルトキハ副收入役又ハ收入役代理者ニ引繼クヘシ此ノ場合ニ於テハ副收入役又ハ收入役代理者ハ後任者ニ引繼クコトヲ得ルニ至リタルトキハ直ニ後任者ニ引繼クヘシ

前項引繼ノ場合ニハ現金書類帳簿其ノ他ノ物件ニ付テハ各目錄ヲ調製シ仍現金ニ付テハ各帳簿ニ對照シタル明細書ヲ添付シ帳簿ニ付テハ事務引繼ノ日ニ於テ最終記帳ノ次ニ合計高及年月日ヲ記入シ且引繼ヲ爲ス者及引繼ヲ受クル者連署

スヘシ

第四條　副收入役退職ノ場合ニ於テ其ノ分掌事務アルトキハ之ヲ收入役ニ引繼クヘシ前條ノ規定ハ此ノ場合ニ之ヲ準用ス

第五條　第一條、第三條又ハ前條ノ規定ハ市制第六條又ハ第八十二條第三項ノ市ノ區長若ハ區收入役ノ更迭又ハ分掌事務アル區副收入役ノ退職ノ場合ニ第二條ノ規定ハ分掌事務アル町村區長ノ退職ノ場合ニ之ヲ準用ス

第六條　市町村ノ廢置分合ニ依リ新ニ市町村ヲ置キタル場合ニ於テハ前市町村ノ吏員ノ擔任スル事務ハ之ヲ市町村長、收入役又ハ市町村長ノ臨時代理者若ハ職務管掌ノ官吏ニ引繼クヘシ第一條乃至第四條ノ規定ハ此ノ場合ニ之ヲ準用ス市町村ノ境界變更アリタルトキ亦同シ

第七條　前六條ノ場合ニ於テ引繼ヲ拒ミタル者ニ對シテハ市ニ在リテハ府縣知事町村ニ在リテハ郡長ハ二十五圓以下ノ過料ヲ科スルコトヲ得其ノ故ナク引繼ヲ遲延シタルカ爲市町村長ニ於テ期日ヲ指定シテ催告ヲ爲シ仍之ニ應セサル者ニ

付亦同シ

第八條　本令ニ規定スルモノノ外必要ナル事項ハ府縣知事之ヲ定ム

附　則

本令ハ明治四十四年十月一日ヨリ之ヲ施行ス

◯市町村吏員事務引繼ノ際調製スヘキ書類帳簿物件又ハ財産目錄ノ件（大正元年十一月十六日内務省訓令第十九號）

府縣　沖繩縣ヲ除ク

明治四十四年九月内務省令第十七號ノ規定ニ依リ市町村吏員事務引繼ノ際調製スヘキ書類帳簿物件又ハ財産ノ目錄ハ現ニ設備セル目錄又ハ臺帳ニ依リテ引繼ヲ爲ストキノ現在ヲ確認シ得ル場合ニ於テハ之ヲ以テ充用シ其ノ旨引繼書ニ記載セシムヘシ

◎市町村、市町村組合及町組合ノ廢置分合等ノ場合ニ於ケル事務ニ關スル件（明治四十四年九月三十日勅令第二百四十八號）

朕市町村、市町村組合及町村組合ノ廢置分合等ノ場合ニ於ケル事務ニ關スル件ヲ裁可シ茲ニ之ヲ公布セシム

第一條　新ニ市町村ヲ置キタル場合ニ於テハ市町村長ノ臨時代理者又ハ職務管掌ノ官吏ハ歳入出豫算カ市町村會ノ議決ヲ經テ成立スルニ至ル迄ノ間必要ナル收支ニ付豫算ヲ設ケ第一次監督官廳ノ許可ヲ受クヘシ

第二條　市町村ノ廢置分合アリタル場合ニ於テハ其ノ地域ノ新ニ屬シタル市町村其ノ事務ヲ承繼ス其ノ地域ニ依リ難キトキハ府縣知事ハ事務ノ分界ヲ定メ又ハ承繼スヘキ市町村ヲ指定ス

前項ノ場合ニ於テ消滅シタル市町村ノ收支ハ消滅ノ日ヲ以テ打切リ其ノ市町村長タリシ者又ハ其ノ職務ヲ行ヒタリシ者之ヲ決算ス

前項ノ決算ハ事務ヲ承繼シタル各市町村ノ市町村長之ヲ市町村會ノ認定ニ付スヘシ

市制第百四十二條第三項町村制第百二十二條第四項ノ規定ハ前項ノ場合ニ之ヲ準用ス

第三條　市町村ノ境界變更アリタル爲事務ノ分割ヲ要スルトキハ其ノ事務ノ承繼ニ付テハ府縣知事之ヲ定ム

第四條　市町村組合、町村組合又ハ市制第六條ノ市ノ區ニ關シテハ本令ノ規定ヲ準用ス但シ市町村組合又ハ町村組合ニ付組合規約ニ別段ノ規定アルトキハ此ノ限ニ在ラス

附　則

本令ハ明治四十四年十月一日ヨリ之ヲ施行ス

◉行政又ハ司法區域ニ關スル市ノ所屬ノ件

（明治二十三年五月二日勅令第七十一號）

朕行政又ハ司法區域ニ關スル市ノ所屬ノ件ヲ裁可シ茲ニ之ヲ公布セシム

行政事務又ハ司法事務ニ關シ郡區ヲ以テ其區域ヲ定メタルモノニシテ市制ヲ施行シタル場合ニ於テハ特ニ市ノ屬スヘキ區域ヲ定メタルモノヲ除クノ外左ノ區別ニ隨ヒ其所屬ヲ定ムルモノトス

一　區ヲ市トナシタルモノニ付テハ市ノ區域ニ依ル但東京市京都市大阪市ニ在テハ仍區ノ區域ニ依ル

二　郡内ノ町村ヲ市トナシタルモノニ付テハ仍其從前屬シタル郡ノ區域ニ包含スルモノトス

三　二郡以上ニ涉ル町村ヲ合シテ市トナシタルモノニ付テハ其人口ノ最モ大ナル部分ノ屬シタル郡ノ區域ニ包含スルモノトス

四　此勅令發布前ニ行ヒタル選擧ハ第三ノ規定ニ合ハサルモノアルモ其當選者ニ限リ改選ヲ要セス

區域變動ノ爲メ關係ノ郡ヨリ選擧スヘキ縣會議員ノ數ニ增減ヲ爲スヘキ必要サルトキハ本年ノ通常縣會ノ議決ヲ取リ明治二十二年法律第七號第二條第二項ニ依リ處分スヘシ

◉市區町村內土地ノ字名改稱變更取扱規定

（明治四十四年三月十五日
內務省令第二號）

府縣　沖繩縣ヲ除ク

從來公稱スル市町村內土地ノ字名ハ明治十四年第八十三號公達ノ趣旨ニ依リ容易ニ改稱變更スヘキモノニアラサルモ已ムヲ得サル事實アリテ改稱變更ヲ必要トスルモノニ限リ左ノ規定ニ依リ取扱フヘシ

一　市町村內大字名（市制町村制施行ノ際分合シタル舊區町村名、從前獨立町村內ノ支邦鄉又ハ某組ト唱フル部落等ノ總稱）及市內ノ町名ヲ改稱シ又ハ其ノ區域ノ變更ヲ要スルトキハ市町村會之ヲ議決シ府縣

知事ノ許可ヲ受クヘシ但シ町村ニ屬スルモノハ島司、郡長ヲ經由シ島司、郡長ハ意見ヲ副申スヘシ

二　市町村內ノ小字名市內町ノ名ヲ除クヲ改稱シ又ハ其ノ區域ノ變更ヲ要スルトキハ關係アル地主ノ意見ヲ聞キ市町村會之ヲ議決シ府縣知事ノ許可ヲ受クヘシ但シ町村ニ屬スルモノハ島司、郡長ヲ經由シ島司、郡長ハ意見ヲ副申スヘシ

三　前項ノ場合ニ於テ其ノ區域全部カ國有林野ニ屬スルトキハ府縣知事之ヲ處分シ若シ其ノ區域カ國有林野ノ外民有地ニ屬スルトキハ關係アル市町村會及民有地主ノ意見ヲ聞キ府縣知事之ヲ處分スヘシ但シ本項ノ處分ハ直ニ之ヲ關係市町村ニ知スヘシ

四　第二項ノ場合ニ於テ其ノ區域カ御料地ニ屬スルトキハ前項ノ例ニ依ルヘシ但シ豫メ帝室林野管理局長官ニ協議スヘシ

五　耕地整理施行ノ爲市町村內ノ大字若ハ字ノ名稱ヲ改メ又ハ其ノ區域ヲ變更スルノ必要アルトキハ關係アル市町村會ノ意見ヲ聞キ府縣知事之ヲ處分スヘシ

但シ本項ノ處分ハ直ニ之ヲ關係市町村ニ通知スヘシ

六　水面埋立地其ノ他新開地等新ニ字名稱ヲ付スルトキハ第二項ノ例ニ依ルヘシ

七　市町村ノ境界ニ關スル爭論ノ裁決及民事訴訟ノ判決ニ依リ字名ノ訂正又ハ其ノ區域ヲ變更スヘキトキハ市參事會町村長第七項ノ島嶼ニ在リテハ町村長ニ準スベキ職務ヲ行フヨリ府縣知事ニ申報セシムヘシ但シ町村ニ屬スルモノハ島司、郡長ヲ經由スヘシ

八　東京府伊豆七島ノ內八丈島及大島ヲ除ク外竝小笠原島ニ於テハ仍從前ノ手續ニ依ル其ノ小字ノ名稱及區域ニ關スルモノハ府知事ニ於テ處分スヘシ

九　第一項乃至第五項及第七項ノ許可又ハ處分ヲ爲シタルトキ竝第六項ノ申報ヲ受ケタルトキハ府縣知事ハ直ニ官報ヲ以テ之ヲ公告スヘシ

一　土地臺帳主管廳タル所轄稅務署

二　當該要塞司令部、陸地測量部、當該師團司令部、（近衛師團ヲ含マス）、當該聯隊區司令部

三　司法省、所轄地方裁判所、同區裁判所、同區裁判所出張所

四　遞信省通信局、同管船局、同電氣局、當該所轄遞信局

明治四十四年三月十五日
內務省訓令第三號

沖繩縣

從來公稱スル區町村內土地ノ字名ハ明治十四年第八十三號公達ノ趣旨ニ依リ容易ニ改稱變更スヘキモノニアラサルモム已ヲ得サル事實アリテ改稱變更ヲ必要トスルモノニ限リ左ノ規定ニ依リ取扱フヘシ

一　區町村內ノ字名ヲ改稱シ又ハ其ノ區域ノ變更ヲ要スルトキハ區町村會之ヲ議決シ縣知事ノ許可ヲ受クヘシ但シ町村ニ屬スルモノハ島司、郡長ヲ經由シ島司、郡長ハ意見ヲ副申スヘシ

二　區町村內ノ小字ヲ改稱シ又ハ其ノ區域ノ變更ヲ要スルトキハ關係アル地主ノ意見ヲ聞キ區町村會之ヲ議決シ縣知事ノ許可ヲ受クヘシ但シ町村ニ屬スルモノハ島司、郡長ヲ經由シ島司、郡長ハ意見ヲ副申スヘシ

三　水面埋立地其ノ他新開地等新ニ字及小字ノ名稱ヲ付スルトキハ前二項ノ例ニ依ルヘシ

四　前各項ノ許可又ハ處分ヲ爲シタルトキハ縣知事ハ直ニ其ノ縣ニ於ケル公布式ニ依リ之ヲ公告シ同時ニ其ノ公報ヲ內務大臣ニ報告シ且左ノ官廳ニ送付スヘシ

一　土地臺帳主管廳タル所轄稅務署

二　當該要塞司令部、陸地測量部、當該師團司令部（近衛師團ヲ含マス）、當該聯隊區司令部

三　司法省、所轄地方裁判所、同裁判所、同區裁判所出張所、

四　遞信省通信局、同管船居、同電氣局、當該所轄遞信局

明治四十四年三月十五日
內務省訓令第四號

北海道廳

從來公稱スル區町村內土地ノ字名ハ容易ニ改稱變更スヘキモノニアラサルモ已ムヲ得サル事由アリテ其ノ改稱更變ヲ必要トシ又新開地等ニテ新ニ字名ノ設定ヲ要スルトキハ北海道廳長官之ヲ定ムヘシ

前項ノ處分ヲ爲シタルトキハ直ニ其ノ廳ニ公布式ニ依リ之ヲ公告シ同時ニ其ノ公報ヲ内務大臣ニ報告シ且左ノ官廳ニ送付スヘシ

一　土地臺帳主管廳タル所轄稅務署

二　當該要塞司令部、陸地測量部、當該師團司令部（近衛師團ヲ含マス）、當該聯隊區司令部

三　司法省、所轄地方裁判所、同區裁判所、同區裁判所出張所

四　遞信省通信局、同管船局、同電氣局、當該所轄遞信局

（參　考）

明治十四年九月二十二日
太政官第八十三號

各地ニ唱フル字ノ儀ハ其地固有ノ名稱ニシテ往古ヨリ傳來ノモノ甚多ク土地爭訟ノ審判歷史ノ考證地誌ノ編纂等ニハ最モ要用ナルモノニ候條漫ニ改稱變更不致樣可心得此旨相達候事

但實際已ムヲ得サル分ハ時々内務省ヘ可伺出候事

●民勢調査ニ關スル罰則ノ件

（明治四十一年八月十一日内務省令第十五號）

市（北海道區制及沖繩縣區制ニ依ル區ヲ含ム）町村ニ於テ條例ヲ定メ民勢ノ調査ヲ爲スニ當リ故意ニ申告ヲ拒ミ若ハ虚僞ノ申告ノ爲シ又ハ其ノ調査ヲ忌避シタル者ハ二十五圓以下ノ罰金ニ處ス虚説造言ヲ放チ僞計威力ヲ用ヰテ調査ヲ妨害スル者亦同

●市制第六條ノ市ノ指定ニ關スル件

（明治四十四年九月二十二日勅令第二百三十九號）

朕市制第六條ノ市ノ指定ニ關スル件ヲ裁可シ茲ニ之ヲ公布セシム

市制第六條ノ規定ニ依リ之ヲ指定スルコト左ノ如シ

東京市

京都市

大阪市

附則

本令ハ明治四十五年十月一日ヨリ之ヲ施行ス

◎市制第六條ノ市ノ區ニ關スル件

（明治四十四年九月二十五日
勅令第二百四十四號）

朕市制第六條ノ市ノ區ニ關スル件ヲ裁可シ茲ニ之ヲ公布セシム

第一條　市制第六條ノ市ノ區ニ關シテハ本令ノ定ムル所ニ依ル

第二條　府縣知事ハ市會ノ意見ヲ徵シ府縣參事會ノ議決ヲ經テ市條例ヲ設定シ新ニ區會ヲ設クルコトヲ得

第三條　區內ノ住所ヲ有スル市公民ニシテ其ノ區ニ於テ直接市稅ヲ納ムル者ハ總テ選擧權ヲ有ス但シ公民權停止中ノ者又ハ市制第十一條第三項ノ場合ニ當ル者ハ此ノ限ニ在ラス

帝國臣民ニシテ區ニ於テ直接市稅ヲ納ムル者其ノ額市公民ノ其ノ區ニ於テ最多ク納稅スル者三人中ノ一人ヨリモ多キトキハ前項ノ要件ニ當ラスト雖選擧權ヲ有ス但シ六年ノ懲役又ハ禁錮以上ノ刑ニ處セラレタル者及市制第十一條第二項ノ公民權停止ノ條件又ハ同條第三項ノ場合ニ當ル者ハ此ノ限ニ在ラス

法人ニ關シテモ亦前項ノ例ニ依ル

前二項ノ直接市稅ノ納額ハ選擧人名簿調製期日ノ屬スル會計年度ノ前年度ノ賦

課額ニ依ルヘシ

第四條　選擧人ハ分チテ三級トス

選擧人中區ニ於テ納ムル直接市稅額最多キ者ヲ合セテ選擧人全員ノ其ノ區ニ於テ納ムル總額ノ三分ノ一ニ當ルヘキ者ヲ一級トス但シ一級選擧人ノ數議員定數ノ三分ノ一ヨリ少キトキハ納額最多キ者議員定數ノ三分ノ一ト同數ヲ以テ一級トス

一級選擧人ヲ除クノ外其ノ區ニ於テ納ムル直接市稅額最多キ者ヲ合セテ選擧人全員ノ其ノ區ニ於テ納ムル直接市稅ノ總額中一級選擧人ノ納ムル額ヲ除キ其ノ殘額ノ半ニ當ルヘキ者ヲ二級トシ其ノ他ノ選擧人ヲ三級トス但シ二級選擧人ノ場合ニハ前項但書ノ規定ヲ準用ス

各級ノ間納稅額兩級ニ跨ル者アルトキハ上級ニ入ルヘシ兩級ノ間ニ同額ノ納稅者二人以上アルトキハ其ノ區內ニ住所ヲ有スル年數ノ多キ者ヲ以テ上級ニ入ル住所ヲ有スル年數同シキトキハ年長者ヲ以テシ年齡ニ依リ難キトキハ區長抽籤

シテ之ヲ定ムヘシ
選擧人ハ毎級各別ニ議員定數ノ三分ノ一ヲ選擧ス
被選擧人ハ各級ニ通シテ選擧セラルルコトヲ得
第二項乃至第四項ノ直接市税ノ納額ニ關シテハ前條第四項ノ規定ヲ適用ス

第五條　第三條第一項ノ規定ニ依リ選擧權ヲ有スル市公民ハ被選擧權ヲ有ス
左ニ掲クル者ハ被選擧權ヲ有セス其ノ之ヲ罷メタル後一月ヲ經過セサル者亦同シ

一　所屬府縣ノ官吏及有給吏員
二　其ノ市ノ有給吏員但シ他ノ區所屬ノ市有給吏員ハ此ノ限ニ在ラス
三　檢事警察官吏及收税官吏
四　神官神職僧侶其ノ他諸宗教師
五　小學校教員

市又ハ區ニ對シ請負ヲ爲ス者及其ノ支配人又ハ主トシテ同一ノ行爲ヲ爲ス法人

ノ無限責任社員、重役及支配人ハ其ノ區ニ於テ被選擧權ヲ有セス
父子兄弟タル事故アル者ハ同時ニ區會議員ノ職ニ在ルコトヲ得ス其ノ同時ニ選擧セラレタルトキハ同級ニ在リテハ得票ノ數ニ依リ其ノ多キ者一人ヲ當選者トシ同數ナルトキ又ハ等級ヲ異ニシテ選擧セラレタルトキハ年長者ヲ當選者トス其ノ時ヲ異ニシテ選擧セラレタルトキハ後ニ選擧セラレタル者議員タルコトヲ得ス
議員ト爲リタル後前項ノ緣故ヲ生シタル場合ニ於テハ年少者其ノ職ヲ失フ
區長ト父子兄弟タル緣故アル者ハ區會議員ノ職ニ在ルコトヲ得ス

第六條　區會議員ハ市ノ名譽職トス
議員ノ任期ハ四年トシ總選擧ノ第一日ヨリ之ヲ起算ス
議員ノ定數ニ異動ヲ生シタル爲解任ヲ要スル者アルトキハ每級各別ニ區長抽籤シテ之ヲ定ム但シ解任ヲ要スル等級ニ闕員アルトキハ其ノ闕員ヲ以テ之ニ充ツヘシ

議員ノ定數ニ異動ヲ生シタル爲新ニ選擧セラレタル議員ハ總選擧ニ依リ選擧セラレタル議員ノ任期滿了ノ日迄在任ス

第七條　第三條第二項又ハ第三項ノ規定ニ依リ選擧權ヲ有スル者ハ代人ヲ出シテ選擧ヲ行フコトヲ得但シ年齡二十五年以上ノ男子ニ非サル者、禁治産者及準禁治産者ハ必ス代人ヲ以テスヘシ

代人ハ帝國臣民ニシテ年齡二十五年以上ノ男子ニ限ル

市制第九條第一項但書ニ當ル者同第十條第二項ノ規定ニ依ル公民權停止中ノ者及同第十一條第二項ノ公民權停止ノ條件又ハ同條第三項ノ場合ニ當ル者ハ代人タルコトヲ得ス又一人ニシテ數人ノ代理ヲ爲スコトヲ得ス

代人ハ委任狀其ノ他代理ヲ證スル書面ヲ選擧長又ハ分會長ニ示スヘシ

第八條　選擧ヲ終リタルトキハ區長ハ直ニ選市錄ノ謄本ヲ添ヘ市長ヲ經テ之ヲ府縣知事ニ報告スヘシ

市制第三十二條第二項ノ期間ヲ經過シタルトキ又ハ同條第三項若ハ第五項ノ申立

アリタルトキ又ハ同條第三項ノ規定ニ依リ抽籤ヲ爲シタルトキハ區長ハ直ニ當選者ノ住所氏名ヲ告示シ併セテ市長ヲ經テ之ヲ府縣知事ニ報告スヘシ

第九條　區會ノ組織及區會議員ノ選擧ニ關シテハ前數條ニ定ムルモノノ外市制第十三條第十七條第二十條乃至第二十六條第二十八條乃至第三十三條第三十五條乃至第三十九條ノ規定ヲ準用ス但シ區會議員ノ定數ニ付テハ市ハ區會ノ意見ヲ徵シ市條例ヲ以テ特ニ之ヲ增減スルコトヲ得

第十條　區會ノ職務權限ニ關シテハ市會ノ職務權限ニ關スル規定ヲ準用ス區長ト區會トノ關係ニ付テハ市長ト市會トノ關係ニ關スル規定及市制第九十二條ノ規定ヲ準用ス

第十一條　區會ヲ設ケサル區ニ於テハ區會ノ職務ハ市會之ヲ行フ

第十二條　市ハ區會ノ意見ヲ徵シ區ノ營造物ニ關シ市條例又ハ市規則ヲ設クルコトヲ得

市制第百二十九條ノ規定ハ前項ノ場合ニ之ヲ準用ス

區ハ前二項ノ市條例ノ定ムル所ニ依リ區ノ營造物ノ使用ニ付使用料ヲ徴收シ又ハ過料ヲ科スルコトヲ得

第十三條　區ハ其ノ財産及營造物ニ關シ必要ナル費用ヲ支辨スル義務ヲ負フ

前項ノ支出ハ區ノ財産ヨリ生スル收入、使用料其ノ他法令ニ依リ區ニ屬スル收入ヲ以テ之ニ充テ仍不足アルトキハ市ハ其ノ區ニ於テ特ニ賦課徴收スル市税ヲ以テ之ニ充ツヘシ

前項ノ市税ニ付市會ノ議決スヘキ事項ハ區會之ヲ議決ス但シ市ノ定メタル制限ヲ超ユルコトヲ得ス

市制第九十八條第四項ノ規定ニ依リ市ノ負擔スル費用ニ付テハ前二項ノ規定ヲ準用ス

第十四條　前數條ニ定ムルモノノ外區ニ關シテハ市制第百十四條第百十五條第百三十條第二項乃至第六項第百三十一條及第百三十三條乃至第百四十三條ノ規定ヲ準用ス但シ第百三十條第三項ノ市參事會ハ區會第百四十一條第一項ノ名譽

職參事會員ハ區會議員トス

前項ノ規定ニ依リ市制第百三十一條第一項ヲ準用スル場合ニ於テハ市ハ區會ノ意見ヲ徵シ市條例ヲ定メ區ヲシテ手數料ヲ徵收セシムルコトヲ得

第十五條　區ノ監督ニ付テハ市ノ監督ニ關スル規定ヲ準用ス

附　則

本令ハ明治四十四年十月一日ヨリ之ヲ施行ス

◉市制第六條ノ市ノ助役ノ定數

（明治四十四年九月二十二日
内務省令第十三號）

市制第六條ノ市ノ助役ノ定數左ノ通之ヲ定ム

東京市　三人　京都市　二人　大阪市　二人

附　則

本令ハ明治四十四年十月一日ヨリ之ヲ施行ス

◯市制第八十二條第三項ノ市ノ區ニ關スル件

（明治四十四年九月二十二日勅令第二百四十號）

朕市制第八十二條第三項ノ市ノ區ニ關スル件ヲ裁可シ茲ニ之ヲ公布セシム

第一條　市制第八十二條第三項ノ規定ニ依リ内務大臣ノ指定シタル市ノ區ニ關シテハ本令ノ定ムル所ニ依ル

第二條　新ニ區ヲ劃シ又ハ其ノ區域ヲ變更セムトスルトキハ市ハ内務大臣ノ許可ヲ受クヘシ

第三條　區ノ名稱ヲ變更シ又ハ區役所ノ位置ヲ定メ若ハ之ヲ變更セムトスルトキハ市ハ府縣知事ノ許可ヲ受クヘシ

第四條　區ヲ以テ選擧區ト爲シタル場合ニ於テハ市制第二十一條第二項第三項第七項第十項第十一項第二十三條第二項第四項第三十一條第二項及第三十二條第一項中市制第六條ノ市ノ區長及區役所ニ關スル規定ハ區長及區役所ニ之ヲ準用

ス

附則

本令ハ明治四十四年十月一日ヨリ之ヲ施行ス

(四)市制第八十二條第三項ノ市ノ指定

（明治四十四年九月二十二日内務省令第十四號）

市制第八十二條第三項ノ規定ニ依リ市ヲ指定スルコト左ノ如シ

名古屋市

附則

本令ハ明治四十四年十月一日ヨリ之ヲ施行ス

(五)町村制ヲ施行セサル島嶼

（明治二十二年一月十七日勅令第一號）

朕町村制ヲ施行セサル島嶼指定ノ件ヲ裁可シ茲ニ之ヲ公布セシム

町村制第百三十二條ニ依リ町村制ヲ施行セサル島嶼左ノ通指定ス

東京府管下

小笠原島　伊豆七島

長崎縣管下

對馬國

島根縣管下

隱岐國

鹿兒島縣管下

大隅國大島郡

大島　徳ノ島　喜界島　沖永良部島　與論島

薩摩國川邊郡

硫黄島　黑島　竹島　口之島　臥蛇島　平島

中之島　惡石島　諏訪ノ瀨島　寳島

◎島根縣隱岐國ニ於ケル町村ノ制度ニ關ス

ル件

（明治三十七年三月二十二日勅令第六十三號）

朕島根縣隱岐國ニ於ケル町村ノ制度ニ關スル件ヲ裁可シ玆ニ之ヲ公布セシム

第一條　島根縣管下隱岐國ノ町村ニ町村制其ノ他町村ノ制度ニ關スル法令ノ規定ヲ適用ス但シ町村制其ノ他町村ノ制度ニ關スル法令ノ規定中郡長及郡參事會ノ職權ニ屬スル事項ハ島司縣參事會ノ職權ニ屬スル事項ハ縣知事之ヲ行フ此ノ場合ニ於ケル島司及縣知事ノ處分若ハ決定又ハ裁決ニ關シテハ各本條ノ規定ニ準シ訴願及訴訟ヲ提起スルコトヲ得

第二條　町村制ニ規定スルモノノ外命令ノ定ムル所ニ依リ監督官廳ハ町村行政ノ監督上必要ナル命令ヲ發シ處分ヲ爲スコトヲ得

附　則

第三條　本令施行ノ期日ハ縣知事ノ具申ニ依リ内務大臣之ヲ定ム（三十七年内務省令第六號ヲ以テ同年五月一日ヨリ施行ス）

第四條　本令ヲ施行スル爲必要ナル事項ハ内務大臣之ヲ定ム

◉明治四十年内務省令第二十六號ヲ市會等ニ準用ノ件

（明治四十四年十月三十日　内務省令第十九號）

明治四十年内務省令第二十六號ノ規定ハ郡會、市會又ハ市制第六條ノ市ノ區ノ區會ニ之ヲ準用ス

本令ハ公布ノ日ヨリ之ヲ施行ス

（參考）　明治四十年内務省令第二十六號

改選後ノ府縣會ニ於テ始メテ議長ヲ選擧スル場合ニハ會議ノ決議ニ依ルニ非サレハ其ノ日ノ會議ヲ閉チ又ハ中止スルコトヲ得ス

本令ハ發布ノ日ヨリ之ヲ施行ス

◉市制町村制ニ依ル懲戒審査會及鑑定人ノ

費用負擔ニ關スル件（明治四十四年十二月二十八日勅令第二百九十三號）

朕市制町村制ニ依ル懲戒審査會及鑑定人ノ費用負擔ニ關スル件ヲ裁可シ茲ニ之ヲ公布セシム

第一條　市制第百七十條町村制第百五十條ノ懲戒審査會會員中府縣名譽職參事會員ヨリ互選シタル者ニハ旅費ヲ支給ス其ノ額及支給方法ハ府縣知事之ヲ定ム

前項ノ旅費及懲戒審査會ノ費用ハ府縣ノ負擔トス

第二條　市制第百二十六條町村制第百六條ノ鑑定人ニハ旅費及手當ヲ支給ス其ノ額及支給方法ハ府縣知事之ヲ定ム

前項ノ旅費手當ハ府縣ノ負擔トス

第三條　前條ノ規定ハ水利組合法第五十條ノ鑑定人ニ之ヲ準用ス

附　則

本令ハ公布ノ日ヨリ之ヲ施行ス

大正十一年二月十三日印刷
大正十一年二月十八日發行

定價　金四拾錢

編輯兼發行者　東京市神田區表神保町二番地　關信太郎

印刷者　東京市小石川區西古川町廿五番地　鈴木角藏

發行所　東京市神田區表神保町二番地　三進堂書店

地方自治法研究復刊大系〔第283巻〕

改正 市制町村制〔大正11年初版〕

日本立法資料全集 別巻 1093

2019(令和元)年12月20日　復刻版第1刷発行　7693-0:012-005-005

編　輯　関　信太郎
発行者　今井　貴
　　　　稲葉文子
発行所　株式会社信山社

〒113-0033 東京都文京区本郷6-2-9-102東大正門前
Ⓣ03(3818)1019　Ⓕ03(3818)0344
来栖支店〒309-1625 茨城県笠間市来栖2345-1
Ⓣ0296-71-0215　Ⓕ0296-72-5410
笠間才木支店〒309-1611 笠間市笠間515-3
Ⓣ0296-71-9081　Ⓕ0296-71-9082

印刷所　ワイズ書籍
製本所　カナメブックス
用　紙　七洋紙業

printed in Japan　分類 323.934 g 1093

ISBN978-4-7972-7693-0 C3332 ¥28000E

日本立法資料全集 別巻

地方自治法研究復刊大系

仏蘭西邑法 和蘭邑法 皇国郡区町村編制法 合巻〔明治11年8月発行〕／箕作麟祥 閲 大井憲太郎 譯／神田孝平 譯
郡区町村編制法 府県会規則 地方税規則 三法綱論〔明治11年9月発行〕／小笠原美治 編輯
郡吏議員必携三新法便覧〔明治12年2月発行〕／太田啓太郎 編輯
郡区町村編制 府県会規則 地方税規則 新法例纂〔明治12年3月発行〕／柳澤武運三 編輯
全国郡区役所位置 郡政必携 全〔明治12年9月発行〕／木村陸一郎 編輯
府県会規則大全 附 裁定録〔明治16年6月発行〕／朝倉達三 閲 若林友之 編輯
区町村会議要覧 全〔明治20年4月発行〕／阪田辨之助 編纂
英国地方制度 及 税法〔明治20年7月発行〕／良保両氏 合著 水野遵 翻訳
鼇頭傍訓 市制町村制註釈 及 理由書〔明治21年1月発行〕／山内正利 註釈
英国地方政治論〔明治21年2月発行〕／久米金彌 翻譯
市制町村制 附 理由書〔明治21年4月発行〕／博聞本社 編
傍訓 市町村制及説明〔明治21年5月発行〕／高木周次 編纂
鼇頭註釈 市町村制俗解 附 理由書 第2版〔明治21年5月発行〕／清水亮三 註解
市制町村制註釈 完 附 市制町村制理由 明治21年初版〔明治21年5月発行〕／山田正賢 著述
市町村制詳解 全 附 市町村制理由〔明治21年5月発行〕／日鼻豊作 著
市制町村制釈義〔明治21年5月発行〕／壁谷可六 上野太一郎 合著
市制町村制詳解 全 附 理由書〔明治21年5月発行〕／杉谷庸 訓點
町村制詳解 附 市制及町村制理由〔明治21年5月発行〕／磯部四郎 校閲 相澤富蔵 編述
傍訓 市制町村制 附 理由〔明治21年5月発行〕／鶴聲社 編
市制町村制 並 理由書〔明治21年7月発行〕／萬字堂 編
市制町村制正解 附 理由〔明治21年6月発行〕／芳川顯正 序文 片貝正晉 註解
市制町村制釈義 附 理由書〔明治21年6月発行〕／清岡公張 題字 樋山廣業 著述
市制町村制釈義 附 理由 第5版〔明治21年6月発行〕／建野郷三 題字 櫻井一久 著
市町村制註解 完〔明治21年6月発行〕／若林市太郎 編輯
市町村制釈義 全 附 市町村制理由〔明治21年7月発行〕／水越成章 著述
市制町村制義解 附 理由〔明治21年7月発行〕／三谷軌秀 馬袋鶴之助 著
傍訓 市制町村制註解 附 理由書〔明治21年8月発行〕／鯰江貞雄 註解
市制町村制註釈 附 市制町村制理由 3版増訂〔明治21年8月発行〕／坪谷善四郎 著
傍訓 市制町村制 附 理由書〔明治21年8月発行〕／同盟館 編
市町村制正解 明治21年第3版〔明治21年8月発行〕／片貝正晉 註釈
市制町村制註釈 完 附 市制町村制理由 第2版〔明治21年9月発行〕／山田正賢 著述
傍訓註釈 日本市制町村制 及 理由書 第4版〔明治21年9月発行〕／柳澤武運三 註解
鼇頭参照 市町村制註解 完 附 理由書及参考諸令〔明治21年9月発行〕／別所富貴 著述
市町村制問答詳解 附 理由書〔明治21年9月発行〕／福井淳 著
市制町村制註釈 附 市制町村制理由 4版増訂〔明治21年9月発行〕／坪谷善四郎 著
市制町村制 並 理由書 附 直接間接税類別 及 実施手続〔明治21年10月発行〕／高崎修助 著述
市町村制釈義 附 理由書 訂正再版〔明治21年10月発行〕／松木堅葉 訂正 福井淳 釈義
増訂 市制町村制註解 全 附 市制町村制理由挿入 第3版〔明治21年10月発行〕／吉井太 註解
鼇頭註釈 市町村制俗解 附 理由書 増補第5版〔明治21年10月発行〕／清水亮三 註解
市町村制施行取扱心得 上巻・下巻 合冊〔明治21年10月・22年2月発行〕／市岡正一 編纂
市制町村制傍訓 完 附 市制町村制理由 第4版〔明治21年10月発行〕／内山正如 著
鼇頭対照 市町村制解釈 附理由書及参考諸布達〔明治21年10月発行〕／伊藤寿 註釈
市制町村制俗解 明治21年第3版〔明治21年10月発行〕／春陽堂 編
市町村制正解 明治21年第４版〔明治21年10月発行〕／片貝正晉 註釈
市制町村制詳解 附 理由 第3版〔明治21年11月発行〕／今村長善 著
町村制実用 完〔明治21年11月発行〕／新田貞橘 鶴田嘉内 合著
町村制精解 完 附 理由書 及 問答録〔明治21年11月発行〕／中目孝太郎 磯谷群爾 註釈
市町村制問答詳解 附 理由 全〔明治22年1月発行〕／福井淳 著述
訂正増補 市町村制問答詳解 附 理由 及 追輯〔明治22年1月発行〕／福井淳 著
市町村制質問録〔明治22年1月発行〕／片貝正晉 編述
傍訓 市町村制 及 説明 第7版〔明治21年11月発行〕／高木周次 編纂
町村制要覧 全〔明治22年1月発行〕／浅井元 校閲 古谷省三郎 編纂
鼇頭 市制町村制 附 理由書〔明治22年1月発行〕／生稲道蔵 略解
鼇頭註釈 町村制 附 理由 全〔明治22年2月発行〕／八乙女盛次 校閲 片野続 編釈
市町村制実解〔明治22年2月発行〕／山田顕義 題字 石黒磐 著
町村制実用 全〔明治22年3月発行〕／小島鋼次郎 岸野武司 河毛三郎 合述
実用詳解 町村制 全〔明治22年3月発行〕／夏目洗蔵 編集
理由挿入 市町村制俗解 第3版増補訂正〔明治22年4月発行〕／上村秀昇 著
町村制市制全書 完〔明治22年4月発行〕／中嶋廣蔵 著
英国市制実見録 全〔明治22年5月発行〕／高橋達 著
実地応用 町村制質疑録〔明治22年5月発行〕／野田籐吉郎 校閲 國吉拓郎 著
実用 町村制市制事務提要〔明治22年5月発行〕／島村文耕 輯解
市町村条例指鍼 完〔明治22年5月発行〕／坪谷善四郎 著
参照比較 市町村制註釈 完 附 問答理由〔明治22年6月発行〕／山中兵吉 著述
市町村議員必携〔明治22年6月発行〕／川瀬周次 田中迪三 合著
参照比較 市町村制註釈 完 附 問答理由 第2版〔明治22年6月発行〕／山中兵吉 著述
自治新制 市町村会法要談 全〔明治22年11月発行〕／高嶋正載 著述 田中重策 著述
国税 地方税 市町村税 滞納処分法問答〔明治23年5月発行〕／竹尾高堅 著
日本之法律 府県制郡制正解〔明治23年5月発行〕／宮川大壽 編輯
府県制郡制註釈〔明治23年6月発行〕／田島彦四郎 註釈
日本法典全書 第一編 府県制郡制註釈〔明治23年6月発行〕／坪谷善四郎 著